JN038012

バチカン大使日記

中村芳夫
Yoshio Nakamura

小学館新書

IN HONOREM PRINCIPIS APOST PAVLVS V BVRGHESIVS ROMANVS PONT MAX AN MDCXII PONT VII

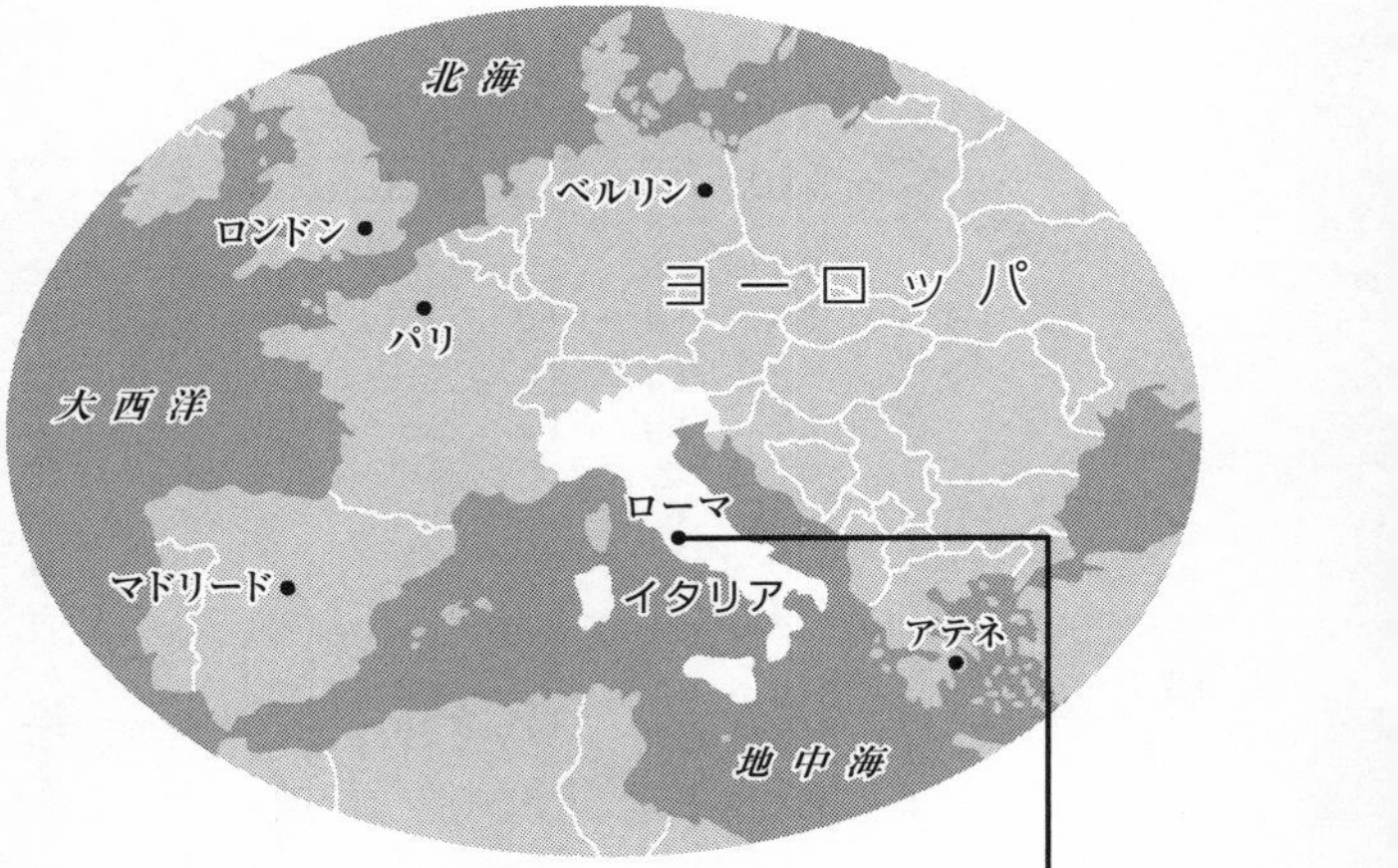

北海
ベルリン
ロンドン
ヨーロッパ
パリ
大西洋
ローマ
マドリード
イタリア
アテネ
地中海

ローマ
ROME
テベレ川
ポポロ広場
在バチカン日本大使館
スペイン広場
バチカン市国
サンタンジェロ城
トレビの泉
パンテオン
ナヴォーナ広場
ジェズ教会
ベネチア広場
トッレ・アルジェンティーナ広場
フォロ・ロマーノ
N
真実の口
コロッセオ
チルコ・マッシモ
0
1km
カラカラ浴場

国旗：

バチカン市国 (Vatican City State)

人口：615人（2018年10月時点）

面積：約0.44平方キロメートル（日本の皇居は約1.15平方キロメートル）

言語：公用語はラテン語。ただし、外交用にはフランス語、通常業務ではイタリア語を使うことが多い。

元首：ローマ教皇（立法、行政、司法の全権を行使）

通貨：ユーロ

出典／外務省HP

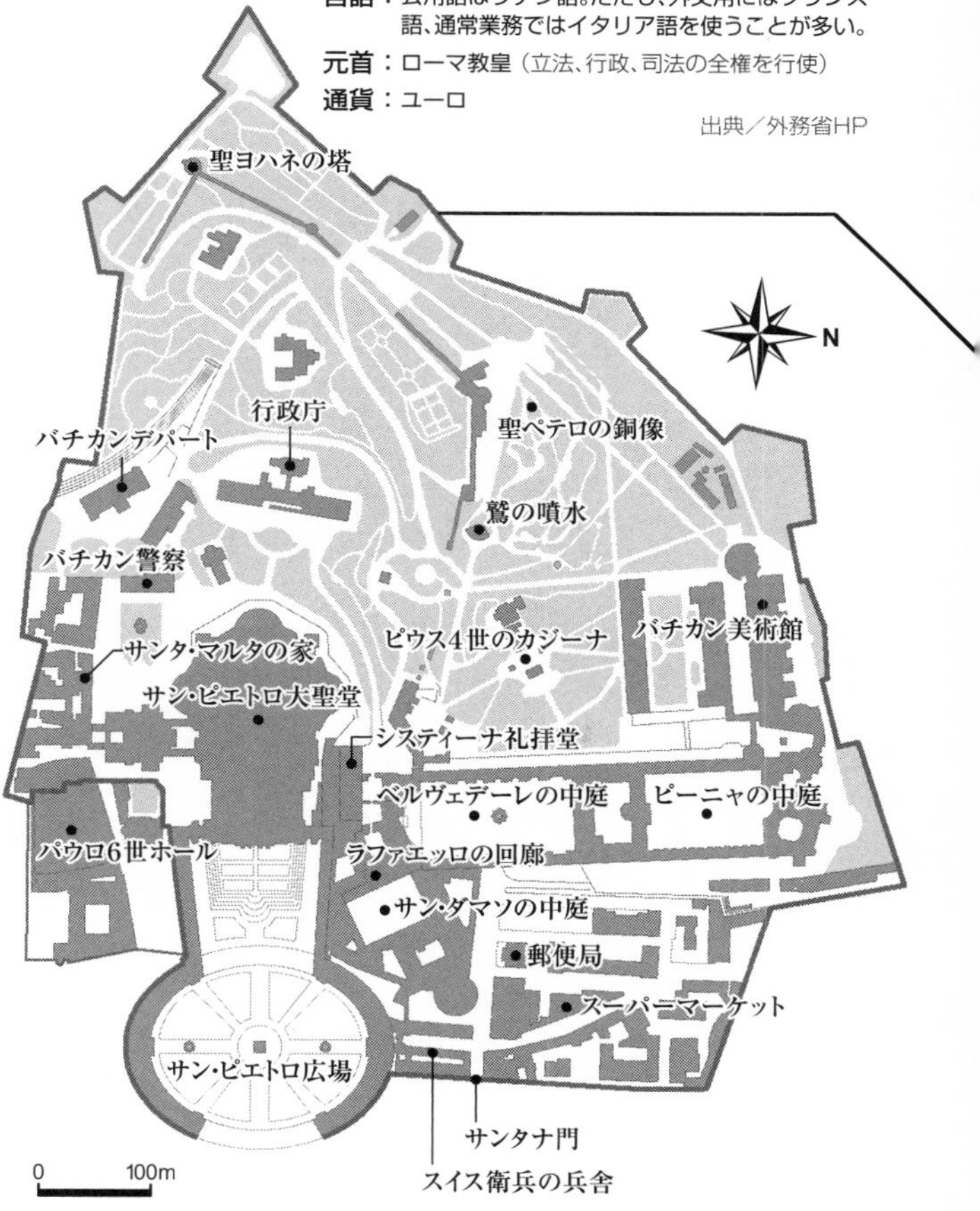

まえがき

日本経済の司令塔ともいえた経団連（経済団体連合会、現・日本経済団体連合会）から、信仰の中心地ともいえるバチカンへ――。我ながら、数奇な人生を歩んでいると思う。

経団連では、土光《どこう》敏夫会長、豊田章一郎会長、今井敬《たかし》会長、奥田碩《ひろし》会長、御手洗《みたらい》冨士夫会長の歴代会長から多くのご教授をいただいた。

そしてバチカンでは教皇フランシスコの謦咳《けいがい》に接することになった。

彼らリーダーたちは当然、人種も文化も、そして宗教も異なる。その差異を指摘するのは容易《たやす》いが、意外と共通点もあるというのが実感である。

土光さんは「過去を振り返るな」「足跡を見るな」と繰り返しおっしゃっていた。それは私にとって座右の銘ともいえる。しかし、本書では、はじめて禁を破って在任１５００日間弱のバチカン大使時代を振り返ろうと思う。私自身を語りたいというよりも、私と関わった方々のことを語りたいと考えたからだ。

外務省のプロパーと違って、私は外交に関して語るに値する理念も手腕も、残念ながら持ち合わせていない。だからこそ経団連での経験を参考に、人との関係づくりに腐心した。

そして、何としても、バチカンの眼を日本に向けさせたいと努めた。赴任時に掲げた三つのミッションがある。「教皇の訪日実現」「日本からの枢機卿《すうききょう》の選出」「日本バチカン国交樹立75周年事業」だ。いずれも完遂できたのは、バチカンの関心を高めた結果ともいえようが、幸運な巡り合わせとも思う。

今頃になって、子どもの頃に母から言われた言葉を思い出す。

「人は多くの人に支えられて存在している。一人では何もできない」

バチカン駐在中、日本の民間出身の大使である私は、聖地で出会った方々から多大のご協力・ご指導をいただいて、大使としての職責を果たすことができたと感謝に堪えない。

本書は、資本主義にどっぷりと浸《つ》かった観察者という立場から筆をとった。おのずと、経団連とバチカンの〝遠さ〟と、そして〝近さ〟についての言及が多くなった。制度疲労をおこし、軋《きし》みも見え始めた資本主義の未来を考える上でのヒントも、僅かばかりは感じ取れるかもしれない。

コロナ禍において、海外はいっそう遠くなった。読者の方々には、想像上とはいえ、なかなか見えにくいバチカンに足を踏み入れていただければ、著者として望外の幸せである。

I 大使の一日

古代ローマ遺跡に囲まれた暮らし

日本大使公邸の３階ベランダから、屹立《きつりつ》するえんじ色の巨石と石づくりの壁が見わたせる。古代ローマの遺跡、カラカラ浴場である。

２１６年に建設されたカラカラ浴場は、古代ローマ市民に親しまれた娯楽施設だ。中央の浴場群のまわりには、庭園や図書館、マッサージやスポーツを楽しめる施設なども併設されていた。かつては豪華な大理石やモザイクに彩られた憩いの場だったという。

いや、過去形ではないのかもしれない。建設から１８００年以上が過ぎたいまも、ロー

マ市民や、観光客が集《つど》う場だ。夏になると、たくさんの人たちが夕涼みをかねながら、毎晩催されるオペラやバレエを楽しんでいる。そんな日常の風景が、いまも町に古代ローマ市民が生み出した文化が息づいていることを感じさせる。

私が4年間、大使をつとめたバチカン市国は、イタリアの首都、ローマ市内に位置する。バチカン市国は、全世界に約13億人の信徒を持つカトリック教会の総本山であり、ローマ教皇が代々元首をつとめる、世界でもっとも小さな独立国である。広さは0・44平方キロメートルで、皇居の約30％で、東京ドームの約10個分である。人口はわずか615人（2018年10月時点、外務省）に過ぎない。

現在の教皇は、266代目。教皇フランシスコは、1936年にアルゼンチンのブエノスアイレスで生を享《う》けた。本名はホルヘ・マリオ・ベルゴリオ。イエズス会出身として史上はじめて、教皇に選出された人物だ。

私はバチカン大使でありながら、バチカン市国内で生活を送っていたわけではない。私が暮らしたバチカン大使公邸も在バチカン日本大使館も、ローマ市内にある。他国もそうだ。バチカン大使といっても、大使館や大使公邸はバチカン市国内にはない。

カナダ、ブラジル、アルゼンチン、ロシア、マレーシア、台湾などがバチカンのメインストリートのコンチリアツィオーネ通り（ローマ市内）に建つ教皇庁の建物を借り、大使館を構えている。日本の在バチカン日本大使館は、そこから5分ほど離れた場所にある。

大使公邸から職場の在バチカン日本大使館に向かう途中には、たくさんの古代遺構がある。

カラカラ浴場を過ぎ、チェルキ通りに入っていく。300メートルほど進むと、世界遺産のコロッセオが右に望める。直径188メートルの円形闘技場で、約5万人を収容できたという。

さらに右手に、古代ローマの政治、経済、そして宗教の中心広場だったフォロ・ロマーノを、左手に、戦車や馬車のレースが行われた古代競技場、チルコ・マッシモを見ながら通りを抜け、テアトロ・ディ・マルチェッロ通りを北上すると、ベネチア広場である。そこからヴィットリオ・エマヌエーレ2世通りに出る。

通りに入ってすぐの左手に建つのは、日本に縁が深いジェズ教会だ。日本に初めてキリスト教を伝えたフランシスコ・ザビエルの右腕が安置されている。ザビエルは日本で布教活動をしたあと、中国にわたり、46年の生涯を終えた。インドに埋葬されたが、63年後にイエズス会の総長が、ザビエルの遺体から右腕を切り取り、ローマに持ち帰ったのだ。

ジェズ教会から通りを西へ進むと同じく左手に、古代の神殿跡地が保存されている。トッレ・アルジェンティーナ広場である。

「ブルータス、お前もか！」

古代ローマの政治家ガイウス・ユリウス・カエサルは、まさに殺される瞬間、もっとも信頼していた部下のマルクス・ユニウス・ブルートゥスが暗殺者のひとりだと知り、そう叫んだと伝えられている。暗殺現場となったのが、トッレ・アルジェンティーナ広場なのである。

さて、バチカン大使館への道を急ごう。

トッレ・アルジェンティーナ広場を通り過ぎ、テベレ川にかかるヴィットリオ・エマヌエーレ2世橋をわたる。いよいよバチカンである。バチカンのメインストリートであるコンチリアツィオーネ通りの先に、サン・ピエトロ大聖堂が見えると、もう在バチカン日本大使館である。

在バチカン日本大使館は、コンチリアツィオーネ通りの入り口にあるサンタンジェロ城の近くに位置する。サンタンジェロ城を日本語に訳すると「聖天使城」。もともとは139年に建設されたローマ皇帝の墓廟《ぼびょう》である。やがて城塞として利用され、20世紀に入って博物館となり、たくさんの観光客を楽しませている。

通勤時間は車で20分から25分ほどか。バチカンには頻繁に行くこともあれば、週一の場合もあった。平均すると週二、三だったように思う。

大使時代、ローマの観光名所が毎日のように車窓に流れていた。だが、ゆっくりと古代の香りが残る景色を楽しむ余裕はなかった。iPadやiPhoneで新たな情報を確認したり、日本の外務省や大使館の職員、バチカン市国の関係者からの連絡に返信しなければならなかったからだ。

バチカン市国とは何か?

現代においてバチカン市国とは、不思議な存在である。カトリックの総本山であるとともに国家の側面を持つ。

厚い城壁に囲まれているバチカンに足を踏み入れると、その歴史の厚さに圧倒される。サンタナ門から教皇庁に入り、石づくりの建物に挟まれた石畳の坂を上っていると、中世時代の城塞に入ったのではないかと錯覚してしまう。

世界一の小国である。しかし、現在、183の国と地域と外交関係を持ち、ローマには88の国と地域が大使館を持つ。それだけ国家としてのバチカンが重視されている。

G7が指導力を失い、G20も機能しなくなったGゼロと言われる世界の中で、モラルリーダーとして、教皇の発言の影響力は大きい。在任中、トランプ前米大統領、プーチン露大統領、メルケル前独首相、マクロン仏大統領らがバチカンを訪問し、教皇フランシスコと会見していることはその証左といえる。

なぜ教皇の発信力に翳りが見えないのか。

背景の一つとして、世界に張り巡らされた情報力をあげたい。

日々、13億強の信徒と、アフリカやアジアをはじめとする辺境(peripheral)にある教会から情報を収集する。ゆえにバチカンは、世界の争いや格差などの現場に最も通じている。

そこから導かれた外交目標は、説得力を持つ。

バチカンは、世界平和の達成、核のない世界の実現、貧困の撲滅、人権の尊重、環境の保護などを掲げる。それらは国連に通ずるものである。

世界に問題があるからこそ、教皇は避けずに立ち向かう。忍耐強く話し合うことにより、解決に道を探る教皇の姿勢に世界の多くの人が共感する。

毎週日曜日の「お告げの祈り」や水曜日の一般謁見でのメッセージは宗教的な内容も多いが、世界の抱える問題に触れ、対話こそが解決への道筋であることを示す。国際政治にも大きな影響力をもたらす。これがモラル・リーダーと言われる由縁《ゆえん》である。

もっとも国家としてのバチカンは、不透明な部分も多い。たとえば財政事情だ。

教皇庁の財政収支は2015年1240万ユーロ（約16億円）の赤字と発表された。教皇庁は、ジョージ・ペル財務事務局長官（当時）の財政改革を推進するため、世界的会計事務所のプライスウォーターハウスクーパースと2015年末に契約した。ここには、財政改革を進める教皇の強い意志が読み取れる。

しかし、その契約は2016年4月に解除されてしまった。財政改革に反対する教皇庁内部の抵抗の結果と言われている。教皇庁は、2016年6月に新たにプライスウォーターハウスクーパースと契約を締結したと発表しているが、それ以降の教皇庁の財政収支は公式発表されていない。加えて教皇庁の資産も非公開である。教皇フランシスコは改革派と言われるが、その姿勢への反発も強い。

個人的には、宗教は神秘性の保持が不可欠なようにも感じる。あまりにも透明度が高くなると、その神々しさは失われてしまうのではないだろうか。

逆説的にいうと、バチカンには神秘性という薄いベールがかかっているからこそ、世界への発信力を維持しているということになろう。

ただ、それにあまりにもこだわると、隠蔽の文化が全てに勝ることになる。後述するように聖職者による性的虐待問題のような状況を作り出し、信徒を失うことになる。透明性と神秘性とのバランスの必要性を感じる。

とてつもなく長いミサ

バチカン大使といっても、具体的にどんな仕事をしているのか。イメージできない方も多いかもしれない。人口600人ほどの小さな国の大使の仕事について紹介したい。

一般に在外公館は、相手国政府との交渉や連絡、政治、経済の情報収集や分析、広報文化活動、邦人の生命、財産の保護等が重要な任務だ。

しかし、バチカン市国には在留邦人はいない。日本企業の進出もない。対バチカンの通商交渉も、バチカン市国内での諸外国との経済競争もない。

ほかの国では国家間の利害問題があるので、在外公館同士の利害衝突も起きるかもしれないが、バチカンではそういう心配はない。在外公館の役割のひとつであるほかの国の大使との交流に関しても、幸いなことに各国の大使館同士での衝突もない。あえて競争といえば、ローマ教皇の次の国外訪問は、ぜひわが国へ、ということだ。

したがって大使としての大きな役割は、バチカンと日本との関係で日本の存在感を示すことだ。赴任当時は、日本人の枢機卿がおらず、教皇庁で働いている日本人もいなかった。バチカンにおける日本の存在感は非常に薄かったのである。

その点で、カトリックの総本山であるバチカンの大使にとって、ミサへの参列はとても大切な役割だった。

教皇フランシスコが司式するミサは、サン・ピエトロ大聖堂で、クリスマス、イースター、新年など年に10回ほどある。教皇ミサにあずかることで、信仰心は深まる。教皇のミサはラテン語とイタリア語で行われ、説教はイタリア語だった。教皇司式のミサでは、英語の同時通訳が入るイヤホンは欠かせなかった。

さらに、教皇司式のミサには、男性は燕尾《えんび》服かその国の正装、女性は黒の礼服に黒のベールか、その国の正装で参列しなければならない。私は、バチカン赴任前に日本で燕尾服を仕立てていた。日本で燕尾服を着る機会はほとんどないが、バチカン大使をつとめた4年間で、40回以上は着用した。高価な買い物だったが、仕立てた価値は充分にあった。

バチカン駐在中、私は各国の記念ミサなどを加えると、130回以上もミサに参列した。ミサの流れに大きな違いがあるわけではない。カトリック信徒である私は、ミサの流れは理解していた。けれども、バチカンの慣習になじむまでは時間がかかった。ミサは、ラテン語、イタリア語、英語、スペイン語、フランス語など多彩な言語で執り行われる。異なる言語で進んでいくミサは、時間の流れがとてつもなく長く感じられた。

バチカンでの夕食会にも当初は慣れなかった。まず開始時刻が遅い。20時過ぎから23時頃まで開かれることが多い。夕食会には、ゲストとして枢機卿や教皇庁の高官が招かれている。食事中の会話にも注意を払う必要があり、最後の最後まで気が抜けない。バチカンの4年間が、私を忍耐強くしたのは確かであろう。

実は、赴任直後、教皇の側近のひとりから、教皇庁や各国のバチカン大使館が行う行事には必ず参加するように、とアドバイスをもらっていた。

ミサの風景

教皇司式のミサには、大使席が設けられ、入り口で出席者のチェックが行われる。さらに教皇庁の各種機関が行う会議にも、各国が行うレセプション、ミサ、シンポジウムなどにも、必ず足を運んだ。やはり教皇庁も、各国の大使の参加状況を確認している。私たちの出席率は100％だったはずだ。

私は大きな目的を持って、バチカン大使に赴任していた。それは、在任中に教皇フランシスコの訪日を実現させることに他ならない。そのためには、まず枢機卿や教皇庁高官と信頼関係を築く必要がある。重要なミサやイベントに参加するのは、その第一歩だった。

枢機卿との面会

大使としてもうひとつ大切な役割が、ローマ教皇の最高顧問である枢機卿や、ローマ教皇庁高官との面会である。信用を得るには、大切な仕事である。

面会はおもに午前中にセッティングされる。昼は公邸で枢機卿や教皇庁高官、あるいは「バチカニスト」と呼ばれるバチカンの専門記者たちを招き、食事をしながら懇談する。

公邸では彼らに日本食を振る舞った。日本をもっと知ってもらおうと、和食専門の料理人の方にお願いした。彼女は上海、ハノイ、バリ、デュッセルドルフ、パリのＪＡＬホテル内の和食料理店、ワシントンＤ.Ｃ.の日本公使邸での勤務経験を持つベテランで、外務省から「優秀料理人」として外務大臣表彰を受けたほどの腕前を持っていた。彼女が饗《きょう》する心のこもった和食を口にしながら、枢機卿や高官に、ローマ教皇の訪日を働きかけた。「近いうちに教皇に会うので必ず伝えるよ」と約束してくれる枢機卿や高官も数多くいた。

公邸で振る舞った日本料理は、大変な評判で、みな満足してくれていた。

ご存じのように、２０１９年にローマ教皇が38年ぶりに来日するのだが、私は彼女が饗した和食が、日本とバチカンの架け橋の一助になったと確信している。

ところで、枢機卿や高官に日本の情勢について説明しながら、若き日に秘書として海外にお供した、経団連の土光敏夫会長について思い出す瞬間がたびたびあった。

土光会長は、大使館や公邸の食事に招かれると、大使が語る料理のうんちくよりも、その国の情勢などの説明を求めていた。私は、賓客を招く側の大使として、どんな質問に対しても真摯《しんし》に答えるようにしてきた。大使として、当然のつとめだと考えていたが、土光会長の姿を身近に見てきた影響があったのかもしれない。

午後から夕方にかけては、頻繁に開催される各国の独立記念や、ナショナルデーのレセプションにも出席する。

日本も毎年11月に、明仁《あきひと》天皇陛下（現・上皇陛下）の誕生日レセプションを主催した（明仁天皇の誕生日の12月23日はクリスマスを控え、バチカンの行事が多いため、この時期になる）。

たくさんの来賓を招いた。記憶に残っているのは、私がホストとして開催した、はじめてのレセプションである。会の冒頭で、イタリア語で挨拶した。私にとって公の場で、イタリア語でスピーチする最初の体験だった。心臓が飛び出るのではないか、と思うほど緊張した。

もうひとつの思い出は、歌である。

私がバチカン大使を拝命してから、天皇誕生日のレセプションでは、在イタリア日本大使館の館員夫人で声楽を学んだ方にお願いし、日本国歌とバチカン国歌を歌っていただいた。各国のバチカン大使館のレセプションで、バチカン国歌を披露したのは、日本がはじめてだったらしく、とても喜ばれた。

２０１９年の天皇誕生日レセプションでは、大使公邸で、サン・ピエトロ大聖堂の聖歌隊に、東日本大震災のチャリティソングである「花は咲く」を日本語で歌っていただいた。バチカンの方々に日本をより知ってもらえるよう、こうした交流を重ねてきた。

〝マルタ〟と〝マリア〟をレセプションに招く

バチカン大使を拝命し、３年が過ぎた２０１９年３月。私はそれまでお世話になり、親しくしていただいたバチカンを支えている人たちに感謝するレセプションを開いた。招待したのは、枢機卿、外務長官、外務次官、儀典長《ぎてんちょう》、スイス衛兵隊長、バチカン警察長官、バチカン美術館長、バチカン小児病院外科部長などのトップだけではない。サン・ピエトロ大聖堂や美術館で働く人たち、バチカンを守るバチカン警察やスイス衛兵、バチカン小児病院の医師や看護師、バチカン市国内のデパートやスーパーに勤務する人たち、バチカン庭園の庭師たち……。２００人を超える人たちをお招きした。

新約聖書の「ルカによる福音書」の10章38〜42節に〝マルタとマリア〟と呼ばれるエピ

ソードがある。

――旅の途中、キリストたちがある村に入ると、マルタという女が一行を家に迎え入れた。マルタには、マリアという妹がいた。

マリアはイエスの足もとに座り、話に聞き入っている。一方のマルタは、イエスをもてなすために、忙しく働いていた……。

これを現代に置き換えれば、マリアはバチカンの中枢で教皇の近くで働く人、マルタは日々の仕事でバチカンを支えている人ということになるだろう。私はマリアだけではなくマルタにも、公邸にお越しいただきたいと考えていた。

マルタとマリアのエピソードには様々な解釈がある。私にはキリストを深く信仰するマリアの気持ちも大切だが、彼をもてなそうと働くマルタの存在も尊いと感じられるのだ。組織を実際に支えているのは、マルタのように組織の中で働いている多くの人々で、彼らのサポートがなければ組織は機能しない。彼らの日本への認識を高めたいと考えた。

このレセプションには、思いもしなかった副産物があった。

当初は気づいていなかったのだが、バチカンの教皇庁内は徹底した縦割り社会で、横のつながりがつくりにくいようである。教皇庁や警察、美術館、病院などで働いていても、部署が異なると交流する機会はほとんどないという。

このとき、お互いに紹介しあっている光景を目にした。バチカンの教皇庁内のコミュニケーションを進めたという点でも感謝された。

その後、家内とサン・ピエトロ大聖堂でのミサに参列したり、バチカン市国内を歩いていたりすると、不意に「先日はありがとう」と再三、声をかけられた。レセプションに参加し、いままでにはない横のつながりが生まれて、楽しかったとみな口をそろえた。

日々、お世話になっている人たちへのお礼を述べ、感謝の意を示そうとしたレセプションだった。バチカン市国内のコミュニティにも寄与できただけではなく、バチカンの人たちに日本の存在感を示す点で成果があった、と考えている。

教皇の素顔

この章の最後に教皇フランシスコの人となりについて触れておく。

まずは、彼の経歴を紹介したい。

１９３６年、後の教皇フランシスコとなるホルヘ・マリオ・ベルゴリオは、アルゼンチンの首都、ブエノスアイレスで、イタリア系移民の家庭に生まれた。初め化学を学び、学士号取得後、１９５８年にイエズス会に入会。チリで教養課程修了後、１９６３年ブエノスアイレスに戻り、サン・ミゲルのサン・ホセ神学校で哲学や神学を学んだ。

１９６９年に司祭に叙階。１９７３年にイエズス会アルゼンチン管区長となる。その後、司教、ブエノスアイレス大司教を経て、２００１年にヨハネ・パウロ二世により枢機卿に叙任されるなど、存在感を増していった。

教皇庁では、典礼秘跡省、聖職者省、奉献・使徒的生活会省、家庭評議会、ラテンアメリカ委員会委員を務める。そして、２０１３年3月13日、第２６６代教皇に選出され、フランシスコを名乗る。

ラテンアメリカ出身としても、イエズス会員としても、初の教皇である。

私が教皇フランシスコに初めて会ったのは、バチカンに赴任し信任状を捧呈《ほうてい》した時であった。20分ほど1対1で面談し、その後、家族全員が部屋に招かれた。教皇から一人ひとりにロザリオをいただいた。

教皇は面談の最後に「このような良い大使を送っていただき感謝します」と言われた。外交辞令とはいえ心から嬉しく思ったことを昨日のことのように思い出す。

私生活はいたって質素である。これまでの教皇が住居としていたバチカン宮殿には住まず、サンタ・マルタの家（聖職者のための宿泊施設）を住居とし、教皇庁で働く聖職者と生活をともにしている。食事もセルフサービスでのカフェテリアで摂っている。ブエノスアイレス時代は、移動に地下鉄やバスを利用し、バチカンへの出張の航空機でもエコノミークラスだった。

なお、イエズス会士は二面性を持つと言われる。表は優しさを、裏では厳しさを、である。教皇庁の内部まで、私の立場からは窺えない。だが、教皇の厳しさは、人事に表れている。これまでの慣例に囚われない教皇庁の人事が行われていることは感じた。後述するが、教皇の辞任を求めたヴィガーノ書簡も、その背景には人事の不満があったとみられている。

最後に余談だが、教皇訪日の際、私はある企てを駐日バチカン大使に提案した。それは、今から500年以上前、聖フランシスコ・ザビエルが宣教活動を始めた鹿児島と長崎で提供されたであろう食事を教皇フランシスコに是非召し上がっていただきたいというものだった。

日本の南部に位置する鹿児島と長崎は新鮮な肉と魚が手に入る。しかし、それらは上流階級に提供されたものだろう。ゆえに、イエズス会の人々は地元の農民たちが食べていた質素な食事の方を好んだだろうと考えた。

そこで教皇フランシスコには、おにぎりを差し上げたいと思ったのだ。聖フランシスコ・ザビエルは16世紀に鹿児島と長崎から始まった日本での2年間の宣教活動の間に、しばしばおにぎりを召し上がったに違いない、と。そこで私は、教皇フランシスコの訪日時の昼食会に、おにぎりを提案した（『ローマ教皇　食の旅』参照）。

実際は、千葉の食材を用いたイタリアンが提供された。

とはいえ、ささやかな成果として、前菜の代わりに寿司が出され、その中に小さな梅干のおにぎりがあったという。私としては、教皇ならびに教皇一行には、聖フランシスコ・

ザビエルが日本で宣教した時の苦労を想起し、質素な梅干のおにぎりだけの食事を教皇フランシスコとバチカンの枢機卿や教皇庁の高官に提供してほしかったのだが。

2 私的聖地ガイド

システィーナ礼拝堂

バチカンは閉じられた空間ではないが、一般の日本人が観光地として訪れる機会は限られている。本項ではバチカン大使時代に、心に残った風景をスケッチしてみたい。

まずは、次期教皇を選出するコンクラーベが行われることでも有名な、システィーナ礼拝堂からはじめたい。チケットを買えば、一般客も見学が可能だ。だが礼拝堂内でのガイドの説明は禁じられている。入るとすぐに、イタリア語で「Silenzio」、あるいは英語で「Silence, please」のアナウンスがあるように、館内では会話は禁じられている。

礼拝堂内はいつも混み合っており、人の息で礼拝堂内のフレスコ画に影響が出るために会話してはならないという。写真撮影も禁じられている。しかし私は、日本からの来客を案内するときは、必ず小さな声で、天井の片隅にある黒い跡を説明した。この黒い跡の部分だけは、システィーナ礼拝堂が補修される以前の天井だという。来客には、礼拝堂が歩んだ数世紀にわたる軌跡に想いを馳せてもらいたかった。

システィーナ礼拝堂の天井。黒丸部分が補修以前の天井

ちなみにこの礼拝堂フレスコ画（ミケランジェロ作）を修復したのは、日本の企業である。日本テレビが420万ドルの資金を拠出し、1980年から1994年の13年の年月をかけ、全面修復を行った。

システィーナ礼拝堂は、コンクラーベ以外にもバチカン行事で活用されている。新年にはシスティーナ礼拝堂の隣のバチカン宮殿で、外交団への教皇の謁見が行われる。その後、システィーナ礼拝堂で写真撮影が行われる。

教皇は、外交団に向け、40分から50分程の講話をされる。私が在任中は2017年から2020年まで4回、講話を伺う機会があったが、その中でも一番印象に残った講話は、2017年のものだ。

まず教皇庁は各国の政治・社会・経済問題について干渉しないとし、世界経済について、雇用の機会が減っていることに懸念を示された。これは技術の進歩とグローバル化の進展による不公平な利益の分配によるものであるとの指摘だった。環境問題については、温室効果ガスの削減に一致した行動が不可欠であると強調された。教皇の環境問題への関心については、後述したい。

話を戻そう。6月には聖ペトロ・聖パウロを祝し、システィーナ礼拝堂の男性クワイア(聖歌隊)のコンサートに外交団が招待される。コンサートは礼拝堂の厳粛な雰囲気の中で開かれ、クワイアは少年から青年で構成されているが、ボーイソプラノの透き通った声には心が洗われる気持ちになったものだ。

このシスティーナ礼拝堂から階段を下りて行くと、サン・ピエトロ大聖堂に出る。最初の扉が、「聖なる扉」(Porta Santa)である。

バチカンでは、25年ごとに聖年とされる年がある。聖なる扉は聖年に教皇みずから開閉し、それを通る者は罪の償いをすることを免れるという。その慣例でいえば、前回は2000年が聖年だった。しかし、教皇フランシスコは、2015年12月から2016年11月までを「いつくしみの特別聖年」として、ローマの4大聖堂の「聖なる扉」を開けた。私も何度もローマにある四つの大聖堂の「聖なる扉」を通り、罪の償いを免除される赦《ゆる》しを受けた。

聖なる扉

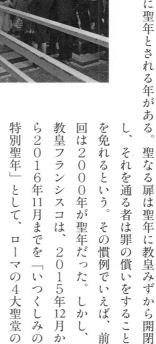

2016年11月20日に特別聖年終了のミサが行われ、「聖なる扉」は閉じられ、サン・ピエトロ大聖堂の内側から塗り固められた。

サンタ・マルタの家

サン・ピエトロ大聖堂の南にあるサンタ・マルタの家も、バチカンにとって特別な場所である。教皇ヨハネ・パウロ2世がコンクラーベ中に、選挙権を持つ枢機卿の宿舎として1996年に建設した。コンクラーベ時以外でもバチカンを訪問する司教らのための宿舎としても使用されている。

現在、教皇フランシスコは、歴代教皇が居室としてきた教皇庁内には住まず、このサンタ・マルタの家に住んでいることはすでに述べた。そのため、以前は許可を得れば一般人も宿泊できたが、現在はできない。前田万葉《まんよう》大阪大司教が枢機卿就任式のためにバチカンを訪れた際、内部を見せていただいた。

室内は、テレビもWi-Fiもなく、ベッドと机のみの質素なつくりであったと記憶している。

1階にある「サンタ・マルタの家の教会」(Chiesa di Casa Santa Malta) で毎朝、教皇フランシスコの私的ミサが行われている。2016年10月、私はカトリック中央協議会のローマ事務所長の和田誠神父のお口添えで一度、教皇フランシスコの私的ミサにあずかった。

サンタ・マルタの家の教会

参列者は50人にも満たず、3分の1は聖職者とシスターであったと思う。このように間近で教皇のミサにあずかれたのは誠に幸せであり、和田神父には心から感謝した。ミサが終わると出口に教皇がおられ、ミサ参列者一人ひとりと挨拶を交わされる。
当然のことながら、教皇の私的ミサにあずかったお礼を申し上げるとともに、是非日本を訪問していただきたいとお願いした。教皇は、日本から招待を受けていることは承知しているが、まだその時期は来ていないとの答えであった。

自分は訪問したいが、教皇庁内はその雰囲気ではないとの印象であった。ますます大使としての責任を感じた。と同時にバチカン内での日本の存在感を高め、多くの方の関心を日本に向ける努力をこれまで以上にしなければならないと痛感した。

バチカンデパートと庭園

サン・ピエトロ大聖堂の裏の坂を上っていくと、バチカン市国のデパートがある。バチカン駅の駅舎をデパートに改装したという。ブランド品のハンドバッグ、ネクタイ、靴、スーツ、電化製品などを売っている。面白いのは、1階にあるチャリティーの展示である。バチカンへの、あるいは教皇への贈答品が並べられており、関心のある人は入札して購入できる。売上は、デパートの収入にはならず、寄付にまわされる。

あるとき、日本からの贈答品と思われる陶器が出されていたが、すぐに買い手がついたようであった。

さらに1階の左奥に、バチカン製品が並べられている。ここで売られているバチカン製石鹸や香水は、日本へのお土産として重宝した。


商業施設は他にもある。バチカンの東の入り口サンタナ門から入ると、サンタナ通りの右手にバチカンのスーパーマーケットがある。ローマ市内では付加価値税が課せられるが、バチカン内では付加価値税は課せられない。ここには、ローマの南東20キロにあるローマ教皇の夏の避暑地カステル・ガンドルフォ(ただし、現教皇フランシスコは利用していないため、街は淋しくなっている)の農場で生産されたチーズが売られている。以前はオリーブオイルも並んでいたが、大量に購入された方がいたようで、品切れが続いていた。

サンタナ門を入ってすぐ左にスイス衛兵の兵舎がある。ここにしばしばクリストフ・グラフ隊長を訪問した。スイス衛兵の兵舎の中庭を横切った先にはスイス衛兵の食堂があり、グラフ隊長ご夫妻にスイス・フォンデュの昼食に何回か招かれた。その隣にスイス衛兵の売店があり、スイス衛兵のマークの入ったワイン、チョコレート、ショッピングバッグ、マウスパッドなどが売られている。しかし、一般には公開されていない。グラフ隊長の秘書にお願いし、店を開けてもらい日本へのお土産としてスイス衛兵記念品を求めた。

私はグラフ隊長に「一般の観光客に開放すれば、売上が増えるのではないですか」と話したことがある。「我々の目的は商売ではありません。スイス衛兵兵舎を見学した人や衛兵の家族のためにつくった土産物店なんですよ」と、隊長からは実直な衛兵らしい答えが返ってきた。

サン・ピエトロ大聖堂の南西側にはバチカン警察（Gendarmeria）の建物があり、バチカン警察の売店もある。何回か訪ねたが、店員といってもバチカン警察官であり、全く商売っ気がなく、結局買い求めることはなかった。

バチカンデパートからさらに坂を上がっていくと、そこがバチカン庭園である。庭園といっても、バチカンの3分の1の面積を誇るほど広大だ。

ある時、自分の車を運転して庭園を見学していたら、バチカン警察官に誰何《すいか》されてしまった。許可なしに庭園を見ることはできないことを知り、不明を恥じた次第である。

この庭園の上の方に、前教皇のベネディクト16世の住まいがあり、時々、前教皇が散歩に出られるという。

庭園を見学するには、バスツアーがあり、予約が必要である。ただし、前教皇の散歩の時間にあたると、ツアーは急遽中止されるか、時間変更される。

厳しい規制のあるバチカン庭園であるが、ローマ日本人学校の写生会が私の赴任中に2回、教皇庁の許可を得て開催された。20人ほどの生徒が参加し、間近に見えるサン・ピエトロ大聖堂を描いていた。丁度その時、前教皇ベネディクト16世の秘書を務め、現在は宮内庁長官であるゲオルグ・ゲンスヴァイン大司教が、庭園の上の住まいから下りてくるところに出会った。

私はこの庭園の庭師と親しくなり、公邸でのレセプションに何回も招いた。彼らから庭園内の巨大な松ぼっくりをいただいた。珍しかったので、公邸の客間に飾っておいた。

春になると、バチカン庭園には2004年に香川県の東かがわ市国際交流協会から寄贈された桜の花が咲く。在任中、桜を見るたびに、早く教皇を日本にお招きしなければ、と心がはやった。

3 昭和天皇の写真

駐バチカン大使拝命

２０１６年4月11日朝、私はローマに到着した。振り返ると、慌ただしい１カ月だった。

私が駐バチカン大使を拝命したのは3月11日。通常は40日以内に任地に赴任すればいい。

しかし外務省から5月に重要な任務があるので、「急いでイタリアに渡ってほしい」と指示を受けていた。

ローマに到着するなり〝重要な任務〟の詳細を告げられた。

5月12日に、秋篠宮同妃両殿下が、イタリアで開催される日伊国交１５０周年記念行事

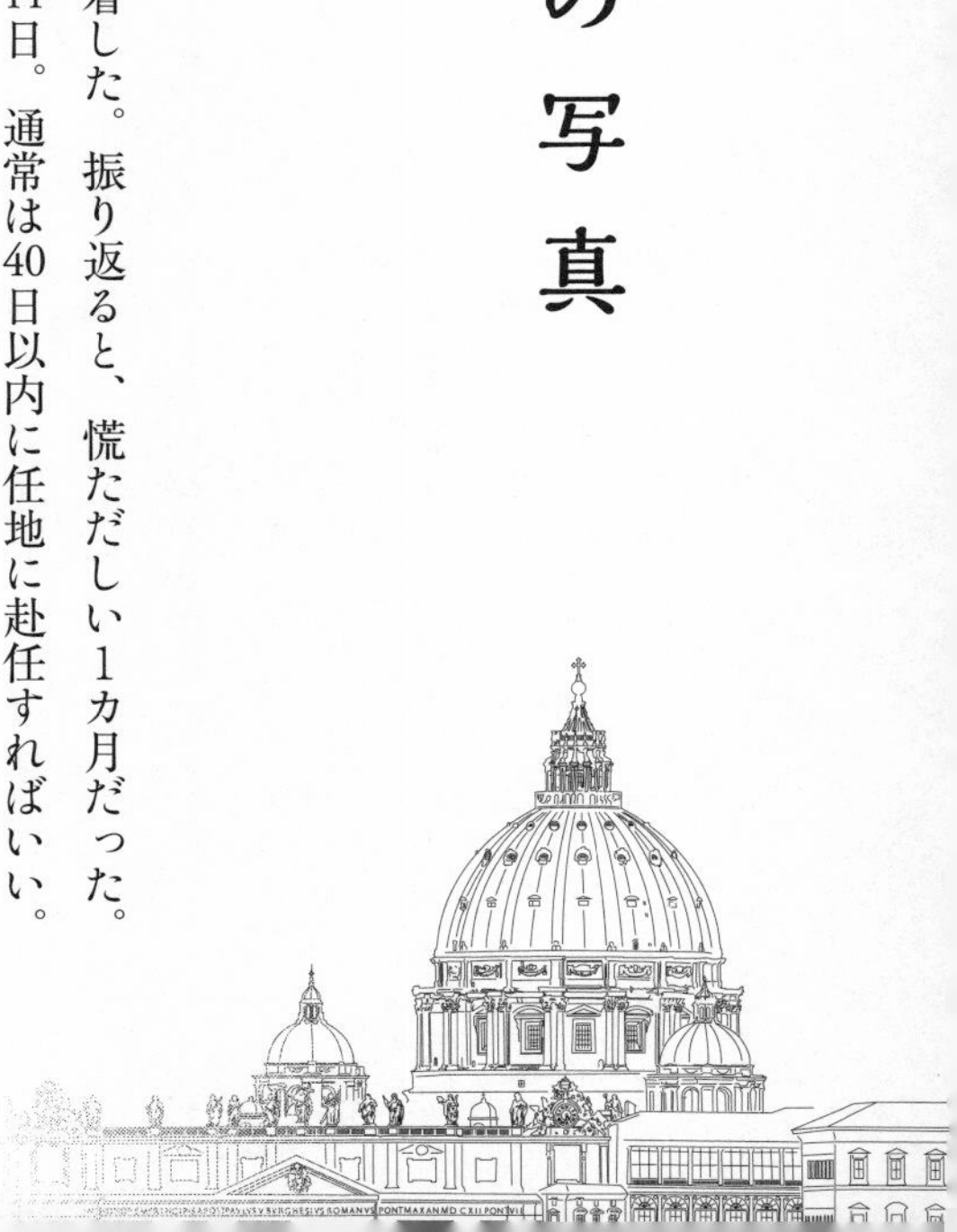

に出席される。この機会に両殿下は、バチカンで教皇フランシスコを表敬訪問されるという。

それまでに、教皇に信任状を捧呈しなければならない。

信任状とは、大使が赴任地に携行すべき公文書である。一般的には、派遣国の元首が相手国の元首に対して提出するが、日本の場合は内閣が発行して、天皇が認証する。捧呈が終わらなければ、大使として正式に認められない。秋篠宮同妃両殿下の表敬訪問を大使としてサポートするためにも、できるだけ早い信任状の捧呈が大切な任務だったのである。

教皇庁の儀典長に事情を説明して、バチカン宮殿で教皇フランシスコに信任状を捧呈できたのは5月9日。両殿下が到着されるわずか3日前、ようやく私はバチカンから大使として認められた。

秋篠宮同妃両殿下の表敬訪問の日、バチカンはあいにくの雨模様だった。しかし、謁見時刻の9時50分には、雨はあがり、晴れ間がのぞいていた。

教皇宮殿内のサン・ダマソの中庭で、教皇庁の宮内庁長官が両殿下を迎えた。宮内庁長官に案内され、教皇の書斎へ招かれた。

通常、教皇との会談は20分程度で終わるが、話が弾んだようだ。会談は30分ほどに及んだ。同日付の共同通信は、以下のように報じている。

〈秋篠宮ご夫妻は法王から「ようこそいらっしゃいました」と歓迎を受け、約25分間会見。有田焼のつぼなどをプレゼントし、法王は「とても素晴らしい」と笑顔を見せた。法王は環境保護への思いを込め、昨年発表した環境問題に関するカトリック教会の重要文書「ラウダート・シ」などを贈った。会見では、共通の関心事である環境問題や平和問題などが話題になったとみられる。別れ際に法王は「天皇、皇后両陛下や、お子さまたちにもよろしくお伝えください」とあいさつし、ご夫妻は「ありがとうございます」と笑顔で応じた〉

会談で、両殿下は教皇にサン・ピエトロ大聖堂地下の見学を勧められたという。謁見から4日後の5月16日に両殿下のバチカン視察が予定されていたが、サン・ピエトロ大聖堂地下の訪問も急遽、追加された。

サン・ピエトロ大聖堂は、キリスト教世界最大の聖堂である。クーポラ（半球形の天井）の高さ132メートル、直径42メートルの規模を持ち、聖堂全体に、ルネサンスおよびバロック彫刻がほどこされている。

サン・ピエトロ大聖堂が建つ場所は、イエス・キリストの最初の弟子であるペテロ殉教の地である。紀元64年、共同墓地だったこの地で、ペテロは異教の罪により、逆さ十字架にかけられた。のちに聖堂が建設され、ペテロの遺体を地下に安置したと伝わる。

前回、皇室が教皇を表敬訪問したのは1993年である。明仁天皇皇后両陛下（現・上皇上皇后両陛下）が、1993年9月に教皇の避暑地として知られるカステル・ガンドルフォで、先々代の教皇ヨハネ・パウロ2世と会見した。以来、23年ぶりの皇室と教皇の交流という大役を果たせて、私は心底、ホッとした。

日本とカトリックの歴史

日本とカトリック教会は、470年あまりの長い交流の歴史を持つ。

1549年にイエズス会士フランシスコ・ザビエルが日本の南端にある当時の薩摩《さつま》を訪れたことにはじまる。

日本からは、1585年に天正遣欧《てんしょうけんおう》少年使節、1615年に慶長《けいちょう》遣欧使節が、バチカンを訪問し、当時のローマ教皇に拝謁している。

しかし、1614年に徳川幕府は、日本全土でのキリスト教信仰を禁止し、以降、宣教師や信徒に対して、厳しく、過酷な弾圧を行った。

1644年以降、日本国内にカトリックの司祭はひとりもいない状況になってしまったが、カトリック信徒は密かに信仰を続けた。彼らは「潜伏《せんぷく》キリシタン」と呼ばれた。信仰が厚かった信徒は、投獄や拷問による棄教を迫られた。

この間の状況は、2016年に封切られたマーティン・スコセッシ監督の映画「沈黙サイレンス」から知ることができる。

教皇フランシスコは、2014年1月15日の一般謁見のなかで、弾圧下での洗礼の重要性について、日本のキリスト教共同体の歴史が模範となるとして、こう述べている。

「日本のキリスト教共同体は、17世紀初頭から厳しい弾圧を受けました。これによって多くの殉教者を出し、司祭たちは追放され、信者たちは殺害されました。日本に司祭はいなくなってしまいました。皆、追放されてしまったのです。そこでキリスト教共同体は、潜伏生活に入り、隠れた生活の中で信仰と祈りを守ったのです。

子どもが生まれるとお父さんやお母さんが洗礼を授けていました。なぜならすべての信者は、特別な状況においては、洗礼を授けることができるからです。

そして2世紀半、250年の後、日本に宣教師が戻った時、何万人ものキリスト教徒が発見され、教会は再び花開くことができました。彼らは洗礼のおかげで生き残ったのです。

これは偉大なことです。神の民は子どもたちに洗礼を授け、それが続くことによって、信仰が伝えられていくのです。日本の信者たちは、隠れながらも、強い共同体の精神を保ち続けました。なぜなら洗礼が彼らをキリストにおいてただ一つの体としたからです。信者たちは孤立し、隠れていましたが、常に神の民の一部でした」（バチカンニュース／2014年1月15日）

1873年に「キリスト教禁教令」が廃止され、信仰の自由が認められた。

日本とバチカンは、太平洋戦争が勃発した翌年、大戦のさなかの1942年に新たな関係を築く。外交関係が樹立されたのである。

100年前の訪問

皇室とバチカンとの交流は、2021年でちょうど100年を迎えた。

私が暮らしたバチカン大使公邸には、古いモノクロ写真が飾られている。昭和天皇は皇太子時代の1921年にバチカンを訪問し、教皇ベネディクト15世に謁見した。その昭和天皇一行を、教皇庁2階の廊下で写した1枚である。ちなみに、現在、教皇の部屋は教皇庁3階にあるが、当時は2階にあったようだ。

写真には、皇太子裕仁《ひろひと》親王殿下（昭和天皇）、随行の山本信次郎海軍大佐の一行とバチカンの枢機卿、高官、スイス衛兵が写る。そのなかで白い海軍の軍服を着た人物が山本海軍大佐だ。

『昭和天皇 第二部』（文春文庫）で、著者の福田和也氏は、昭和天皇のバチカン訪問を実現したのは〈山本信次郎大佐の粘り強い説得だった〉と記している。バチカン訪問は、昭和天皇にとって、極めて印象的な外遊だったと思われる。

大使公邸に飾られた昭和天皇（中央）の写真

昭和天皇は太平洋戦争開戦について、常に「収拾策」を考えておくように命じていた。その具体案としてバチカン外交を重視していたようだ。

福田氏は同書にて、『昭和天皇独白録』（文春文庫）の記述を紹介している。

〈開戦后法皇庁に初めて使節を派遣した、之は私の発意である。

私は嘗《かつ》て「ローマ」訪問以来、法皇庁とは、どうしても、連絡をとらねばならぬと思つてゐた（略）開戦后、私は「ローマ」法皇庁と連絡のある事が、戦の終結時期に於て好都合なるべき事、又世界の情報蒐集の上にも便宜あること竝《ならび》に

「ローマ」法皇庁の全世界に及ぼす精神的支配力の強大なること等を考へて、東条に公使派遣方を要望した次第である〉

世界平和を希求する昭和天皇は、価値観を共有するバチカンを重視していた。

こうして1942年4月に原田健《けん》特命全権公使がバチカンに着任し、5月に信任状を捧呈している。

戦中に米国の外交官としてイタリアやバチカンに駐在したハロルド・ヒルガード・ティットマン・ジュニア（Harold H. Tittmann, Jr.）の著書『*Inside the Vatican of Pius XII: The Memoir of an American Diplomat During World War II*』は、興味深い回顧録である。少し長くなるが、当時の日本とバチカン、そしてアメリカとの関係がわかるので、紹介しよう（抄訳）。

米国としては、この時期にバチカンが日本との外交関係を樹立することは納得できない。（バチカンの）国務長官は、米国の反応を理解できるとしたが、バチカンとしては承認せざるを得ないと繰り返した。（内政、外交をそれぞれ担当していた）モンティーニとタルディーニ司教にも、この話は、稲妻のように伝わっていた。彼らの解釈は、（1）東京には、過去25年間ローマ法王庁代表が駐在し、50年にわたり大司教がいる。（2）日本各地に多くの司教区がある。（3）日本の占領地ではカトリック信徒の増加のスピードが落ちてきているといったものだった。したがって、日本との外交関係の樹立は、極東において、教皇庁にプラスに働く。外交関係の樹立は、日本政府へ影響力を行使する手段を強めることとなる。

ワシントンの反応は厳しかった。バチカンの決定は、米国の世論の猛反撃を引き起こす。バチカンの米国代表は、米国側の考えをバチカンに伝えた旨を報告。ルーズベルト大統領も、バチカンの決定が信じられないという。

ローマ教皇は、ルーズベルト大統領に伝える。（1）バチカンは、外交関係樹立への外国の要請を拒否できない。（2）バチカンは、日本と極東に大きな関心がある。（3）戦争についてバチカンは、公平な見方をしている。（4）日本との外交関係の樹立は、日本の全ての行動を認めたものではない。

日本とバチカンとの国交樹立の過程には、アメリカ政府の強い反対があったことがわかる。

幻の書簡

戦中の日本とバチカンの関係にかかわる面白いエピソードは、裏千家ローマ出張所駐在講師であった野尻命子《みちこ》さんの著書『ローマでお茶を』(主婦の友社)にも、記されている。〈一時期日本大使館の顧問弁護士だった〉ダンテ氏は教皇の秘書をされていた自分の叔父のD枢機卿にお願いをし、秘書局を素通りしてスムーズに運ぶ手段を考えた。狙いは功を奏し、日本にとっても幸運だったということだ。

教皇に何をお願いしたのかはダンテ氏も話してくださらないからわからないが、戦後しばらくして、イエズス会のロバート・グラハム神父が『戦時中の日本とバチカンの関係』と題してそのころの事情を同会の機関誌に発表した。(略)

グラハム神父の論文の主旨は(略)日本とバチカンの関係を分析したものだが、ダンテ氏によると、グラハム神父の論文は正確さを欠くという。同氏の言葉の端から察すると、日本政府とバチカンとの交渉内容はどうやら戦争終結について、また、フィリピンにいる

日本人捕虜の扱いについてではないか、と想像した〉

戦中に昭和天皇から教皇宛てになんらかの書簡が送られたのではないか。

いくつかの資料を読むうち、そう考えるようになっていた私は、バチカン古文書館のセルジョ・パガーノ館長に質《ただ》してみた。ところが、パガーノ館長は、外交文書は外務庁が所管しており、古文書館にはないという。

ポール・リチャード・ギャラガー外務長官に面会すると、外交文書の担当者を紹介してくれた。彼は文書や書簡の存在に強い関心を持ってくれ、探してくれている。しかし残念ながら、帰任までに存在は確認できなかった。もしも発見されたら、日本とバチカンの関係が見直される歴史的な資料となるに違いない。

戦後も、皇室とバチカンの交流は続いた。1981年、ヨハネ・パウロ2世が教皇としてはじめて来日し、昭和天皇と会見している。

先述したように、1993年には明仁天皇皇后両陛下がヨハネ・パウロ2世に面会している。

また2014年に逝去した故ヨゼフ・ピタウ大司教（上智大学理事長、学長を歴任）の葬儀ミサと告別式には、明仁天皇皇后両陛下からの供花が置かれていた。

天皇とローマ教皇が共有する価値観

平成から令和に改元した。明仁天皇から徳仁《なるひと》天皇に皇位が継承された。

2019年5月2日、「バチカンニュース」は新天皇即位について、以下のように報じた。

〈教皇フランシスコは、天皇陛下の即位に、電報を通して祝意を表された。日本の徳仁天皇陛下に宛てたこのメッセージで、教皇は天皇のご即位に心からのお祝いを述べられた。

教皇は、天皇陛下が「お国へのご公務に専念される中で、常に英知と強さの賜物に恵まれますよう、私のお祈りをお約束いたします」と記された。教皇は、日本の皇室とすべての国民の上に、神の平和と幸福の祝福を祈られた〉

2019年10月22日に行われた「即位礼正殿の儀《そくいれいせいでん》」には、教皇庁からフランチェスコ・モンテリージ枢機卿が参列している。その1カ月後、教皇フランシスコが来日した。徳仁天皇との会見は、11月25日に設けられ、徳仁天皇が長崎、広島の訪問や東日本大震災の被災者との面会に感謝の言葉を述べた（産経新聞2019年11月25日）。

日本経済新聞（2019年11月26日）は、徳仁天皇と教皇フランシスコの対話を次のように報道している。

〈天皇陛下は25日、来日中のローマ教皇（法王）フランシスコと皇居・宮殿「竹の間」で会見された。宮内庁によると、陛下は「教皇が人々の幸福と世界の平和のために精力的に活動されていることに深い敬意を表します」と述べられたという。陛下は宮殿の南車寄せで教皇を出迎え、笑顔で握手を交わしてスペイン語であいさつされた。宮内庁によると、教皇は会見で「9歳の時、両親が広島・長崎の原爆のニュースを聞き、涙を流していたことが心に強く刻まれています。私はこのような気持ちを込めて、メッセージを発出しました」と話した。教皇は気さくな人柄で日本に対する関心が高く、終始和やかな雰囲気で会話が弾んだという〉

バチカンには、徳仁天皇がオックスフォード大学留学時代に机を並べた神父がいる。彼はローマのイングリッシュ・カレッジで教鞭をとっている。在バチカン大使館で催される天皇誕生日レセプションには必ず出席してくれた。私は、彼と公邸で昼食をとりながら懇談する機会もあった。物静かな人物で、オックスフォード大学では音楽を専攻され、クラシック音楽を通じ、徳仁天皇と親交を深めたようだ。

毎年の天皇誕生日レセプションには、枢機卿、教皇庁高官、外交団、バチカニストらを招待する。開会の挨拶で、私は毎回、次のメッセージを強調した。

明仁天皇と教皇フランシスコは、同じように世界平和を願っている、と。

いま、各国は様々な問題を抱えている。ヨーロッパの一部の国々では、自国中心主義の台頭が見られる。そんな中でも格差と貧困の拡大、地球環境の悪化や難民、核軍縮・不拡散、テロ……世界各国が取り組まねばならない問題は山積みだ。

こうした国際情勢下で、世界平和を願う天皇と教皇が、世界的課題に協力し、世界平和の実現に向けて取り組んでいくことは、極めて重要である。価値観を共有する2カ国の緊密な関係の推進が求められている。

4 教皇から手渡された3冊

ラウダート・シ——ともに暮らす家を大切に

信任状捧呈式で、私が教皇フランシスコからいただいた3冊の本がある。

『回勅《かいちょく》　ラウダート・シ——ともに暮らす家を大切に』『使徒的勧告　福音の喜び』『使徒的勧告　愛のよろこび』（いずれも邦題。教皇からいただいたのは英語版）。

とくに前2冊の内容を知れば、教皇の考え、バチカンが目指す世界観がわかっていただけるのではないかと思う。私なりに解説してみたい。

2015年に発表された「ラウダート・シ」は、環境に関する回勅である。

「回勅」とは、カトリック教会の言葉で、教皇が司教を通じ、全世界の信徒に出す公文書だ。信徒にとっては最も重要な文書である。

「ラウダート・シ」という表題は、アッシジの聖フランシスコの「太陽の賛歌」のなかの言葉「ラウダート・シ、ミ・シニョーレ」（わたしの主よ、あなたは称えられますように）から取られている（バチカンニュース／2015年6月18日）。本書もこの一文から始まる。

教皇は、地球を人類すべてがともに暮らす家と位置づける。人類共通の家である地球の叫びに耳を傾け、美しさを守るために、私たちの生き方や考え方を見直し、変えていこう。そうした「環境的回心《かいしん》」を呼びかけ続けている（同／2018年7月6日）。

「ラウダート・シ」の主題は、神から与えられた我々が住むこの星、地球をいかにして守るのか、だ。

教皇庁は、2020年5月16日から24日までを「ラウダート・シ週間」とした。発表から5周年を記念して世界規模のキャンペーンを行い、教皇のメッセージを広く伝える取り組みである。教皇フランシスコは、ビデオを通じて、世界中のカトリック教会に、「ラウダート・シ週間」への参加を求めた。教皇は次のように語った。

〈どのような世界を、わたしたちの次の世代に、今成長しつつある子どもたちに残したいと思いますか――。この問いに促されて、皆さんに2020年5月16日から24日まで行われる「ラウダート・シ週間」への参加を呼びかけたいと思います。

これは「共通の家」への配慮をめぐる回勅、「ラウダート・シ」発表から5周年を記念して行われるグローバルなキャンペーンです。

環境危機に応えるための緊急アピールを繰り返したいと思います。地球の叫びと貧しい人々の叫びはこれ以上待つことはできません。

創造主なる善き神の贈り物である、被造物を大切にしましょう。「ラウダート・シ週間」を一緒に祈念しましょう。

神の祝福が皆さんにありますように。わたしのために忘れず祈ってください〉（同／2020年3月3日）

環境的回心とはなにか

「ラウダート・シ」の内容をもう少し掘り下げてみたい。

この回勅のなかで、教皇は、気候変動による地球温暖化で、悪化する環境問題を極めて深刻に受け止めている。そして、次世代のために、地球を守る具体的な行動、すなわち「環境的回心」を強く求めている。

しかし、環境問題は改善するどころか、悪化の一途をたどっている。教皇は、一向に取り組みが進まない理由に、環境問題への無関心、技術的な解決への盲信、世界的なリーダーシップの欠如などをあげている。

とくに教皇が心を痛めているのは、貧しい人たちへの影響である。

2019年6月、バチカンで統合的エコロジーに関する国際会合が開かれた際、教皇は、とくに貧しい人たちが環境問題の影響をもっとも受けていると語った。「ラウダート・シ」は環境問題ではなく社会問題の回勅だ、とまで強調された。

では、教皇が訴える具体的な行動とは、「環境的回心」とは、なんだろうか。

「ラウダート・シ」で、教皇は、環境の悪化は現在の私たちのライフスタイル——使い捨て文化と密接に繋がっている、と指摘する。使い捨て文化は、大切な地球資源の浪費である。

さらに、私たちの暮らしと切っても切り離せないエネルギー問題についても言及する。回勅が発せられた2015年以前から教皇は再生可能エネルギー開発の必要性を説き続けている。バチカン内のパウロ6世ホールの屋根には、発電用のソーラーパネルが設置されており、1階の入り口には発電量が示されている。

石炭、石油、ガスの使用を前提としたテクノロジーには限界があり、化石燃料に代わる再生可能エネルギーを開発し、温室効果ガスを大幅に削減する政策を全世界的に推し進めるべきだ、というメッセージを教皇はたびたび発してきた。

「回心」はキリスト教の言葉で、自らの罪を認めた結果、引き起こされる心の転換を意味する。教皇は、我々が環境問題に真剣に対応するには、さらに深いレベルでの改革、つまりは心の転換が必要である、と繰り返す。

原子力発電は化石燃料に代わる新世代のエネルギーになると期待された。環境にも優しい持続可能な技術だと考えられていたのだ。

だが、２０１１年3月11日、福島第一原子力発電所の事故により、原子力のリスクを痛感した。

なお、原子力発電について、教皇庁は、賛成か反対か立場を明確にしていない。

教皇フランシスコが、原子力発電についての考えを明らかにしたのは、訪日した２０１９年11月のことだった。教皇は日本滞在中に、東日本大震災の被災者との集いに出席し、3人の被災者の体験談に耳を傾けた。そこで教皇は、福島第一原子力発電所の事故で、日本の司教が原子力の継続的な使用に対して懸念を示し、廃止を求めていることに触れた。

さらにローマへの帰路、機内で記者から質問を受けた教皇は、原子力の利用について踏み込んだ個人的見解を示した。教皇は、こんな発言をしたという。

「いまだ完全に安全性が確保されておらず、個人的意見としては、安全性が確認されるまで自分であれば原子力を使わないであろう」

その後、教皇庁から原子力の平和利用についての考えは示されていない。信徒の間で、考えが分かれる問題については、意思を明らかにしない。これは教皇庁のいわば方針のようなものだ。

ところで、日本のこれまでの環境問題への対応はどうだったのだろうか。

２０１９年のＣＯＰ25で、日本は温暖化対策に消極的な国に贈られる化石賞を受賞してしまった。しかも受賞ははじめてではない。日本は、不名誉な賞を二度も受けている。

日本企業は「ラウダート・シ」に注目すべきだと感じる。実は教皇がこの回勅で述べたEconomic and Social Inclusion（経済的社会的包摂）は、日本企業がこれまで注力してきた企業の社会的責任と軌を一にするものだからだ。

２０２０年９月、安倍総理の辞任により、菅政権が誕生した。10月26日の所信表明演説で、菅総理は２０５０年までに温室効果ガス排出量を実質ゼロにするカーボンニュートラルを宣言し、日本の成長戦略と位置づけた。脱炭素の姿勢を貫いていけば、今後、化石賞を贈られる不名誉は受けずにすむであろう。現在でもCO_2排出源には課税されているが、さらに進めて炭素税を導入すれば、世界に向けて、強いメッセージとなるはずだ。

アメリカのバイデン大統領も、就任してすぐにトランプ前大統領が離脱したパリ協定に復帰し、積極的な環境政策を打ち出している。これから世界のリーダーが環境問題について、言葉だけでなく、実行力ある政策を打ち出すことが期待される。

そのためにも、教皇が示す「ラウダート・シ」に学ぶべきではないだろうか。

この経済は人を殺します

続いて紹介するのが、2013年に発表された『使徒的勧告　福音の喜び』である。本書のなかには、経済的な観点から見て、刮目《かつもく》すべき内容が随所に見られる。現在の自由主義経済の問題点が指摘されており、新自由主義経済体制を維持するための方向性が示唆されている。もちろん日本経済にもあてはまる指摘である。改めて整理したい。

教皇フランシスコが思い描く理想的な経済とはなんだろうか。私なりの言葉で表現すれば、魂のこもったもっと人間らしい経済活動である。現在の経済は貨幣を偶像化して拝金主義に陥っている。教皇は、経済活動の中心は人であることを強調する。

本書のなかに、ショッキングな一文がある。

〈この経済は人を殺します〉

次のように文章は続く。

〈路上生活に追い込まれた老人が凍死してもニュースにはならず、株式市場で二ポイントの下落があれば大きく報道されることなど、あってはならないのです〉

そこに、経済よりも、人を重んじてきた教皇の生き方、考え方と、現代社会が歩む現実とのかい離《り》が、端的にあらわれているように思う。また、教皇は〈主によってもたらされた大きな喜びは、だれも除外しない〉とも述べている。これも教皇の生き方をつらぬく姿勢、すなわち包摂性（inclusion）である。教皇は、常に経済、社会活動への全ての人の参加と、その成果が全ての人に行き渡るよう願っている。これが排他性の排除である。

しかし現実社会では、経済、社会活動の成果が、全ての人に行き渡っているとは言いがたい。新自由主義経済体制は、格差を生み、それを拡大させている。格差は、教皇が指摘するまでもなく、今日の世界的な課題となっている。教皇は言う。

〈経済における「トリクルダウン理論」を支持する人がいます。この理論は、自由市場によって促進されるすべての経済成長は、世の中に平等を広げ、社会的包摂《ソーシャル・インクルージョン》を生み出すと仮定しています。いまだまったく立証されていないこの理論は、経済的権力を掌握する人々の善意と、主流の経済システムの神話化への、大雑把で無邪気な信頼を表しています。仮定された結果が生み出されるまでの間、排除された人々は待ち続けるのです。他者を排除する生活様式を維持するために、また自己中心的な理想に陶酔するために、無関心のグローバル化が進展したのです〉

教皇が目指す世界経済のあり方

教皇フランシスコの考えは、コロンビア大学のジョセフ・E・スティグリッツ教授の著書『これから始まる「新しい世界経済」の教科書』(徳間書店)にも見いだされる。

〈七〇年代後半以降、成長率は下がり、四回の大きな景気後退――一九二九年の世界大恐慌以来最悪のものもふくめ――があり、限定的成長の分け前が最上層で増える一方、多くの人の所得は伸び悩み、中流層は空洞化した。あきらかに、トリクルダウン経済学――すべての人々に利益がしたたり落ちることを期待して最上層の収入を増やす――は失敗した。

新たな見かたでは、トリクルアップ経済学——中間層から経済を立て直す——のほうが成功する可能性が高い。いいかえれば、平等と経済実績は交換するものではなく、補い合うものなのだ〉

2017年4月27日、スティグリッツ教授が、教皇庁の科学アカデミー開催のシンポジウムに参加された。コーヒーブレークに、話す機会があった。彼は、日本政府に招かれて、環境問題を解決するために炭素税を提唱したが、聞き入れられなかった、と話していた。「消費税が10％に引き上げられるが、これ以上の引き上げは政治的に難しい。現状を考えると、炭素税を導入する必要がある」という彼の見解には、私も、賛同した記憶がある。

『使徒的勧告　福音の喜び』で、教皇が強く批判しているのが、過剰消費経済と金融至上主義だ。過剰消費経済について、〈飢えている人々がいるにもかかわらず食料が捨てられている状況を、わたしたちは許すことができません〉と教皇は素朴な憤りを記す。

景気が後退すると、財政支出を増やし、消費を刺激する政策がとられる。この過度に消費を刺激する経済対策は、地球の資源の浪費を促進し、真に必要な人への資源の活用を阻害する。日本が直面している問題でもある。教皇は続ける。

〈現代経済のメカニズムは消費の増進を促進しますが、格差と結ばれ抑えの効かない消費主義は、二重の損害を社会に与えます〉

加えて人間らしい経済活動の実現を阻《はば》むと教皇が考えているのが、貨幣を偶像化する金融至上主義である。

〈貨幣が自分たちの社会を支配することを、素直に受け入れてしまったのです。現在の金融危機は、その根源に深刻な人間性の危機――人間性優位の否定――があることを忘れさせてしまいます。わたしたちは、新しい偶像を造ってしまったのです。（略）貨幣は奉仕するものであって、支配するものではありません〉

こうした教皇の経済観に対し、カトリック界で異論もあるようだ。とくにアメリカのカトリック保守派から「教皇はマルキシストだ」と批判が出ているという。「マルキシスト」という揶揄《やゆ》とも言えるような教皇への非難に対して、バチカンの人たちはどう受け止めているのか。ある大司教に聞くと「アルゼンチン時代の教皇は、むしろ右寄りの保守派と批判されていたよ」と笑っていた。バチカン内、とくに教皇庁高官の間では、教皇の経済観に賛同する人が多いようだ。教皇はこう総括する。

〈もはや、市場における見えざる力と見えざる手とに信を置くことはできません。公平な成長は、経済成長を前提としつつも、それ以上の何かを求めています。とくに、所得のより公平な分配、雇用機会の創出、単なる福祉国家的政策によって得られるものを超えた貧しい人々の全人的向上――それらへと向かう、決断、計画、仕組み、作業が必要とされるのです。わたしは無責任に大衆に迎合しているわけでは決してありませんが、もはや経済は、利益率向上のための労働市場縮小と、それによって生み出される新たな排除という、新手の毒のごとき対策に頼ってはならないのです〉

現在の経済システムのもとで格差が拡大し、経済発展の恩恵から取り残された（left behind）層が増えている。これは日本も含めた全世界的な現象である。とくに欧米では、この現象がポピュリズムの勢いを加速させている。さらに今回のコロナ禍での経済はK字型回復（富裕層と貧困層で景気回復が二極化）が起きており、格差はさらに拡大している。

教皇フランシスコは、現在の新自由主義経済、資本主義経済体制の行き過ぎに警鐘《けいしょう》を鳴らしているのだと思う。国家が、現体制の欠陥を是正する政策をとることを強く要請している。さらに、個人ならびに企業の積極的な行動を望んでいるのである。

5 カトリックとの出会い

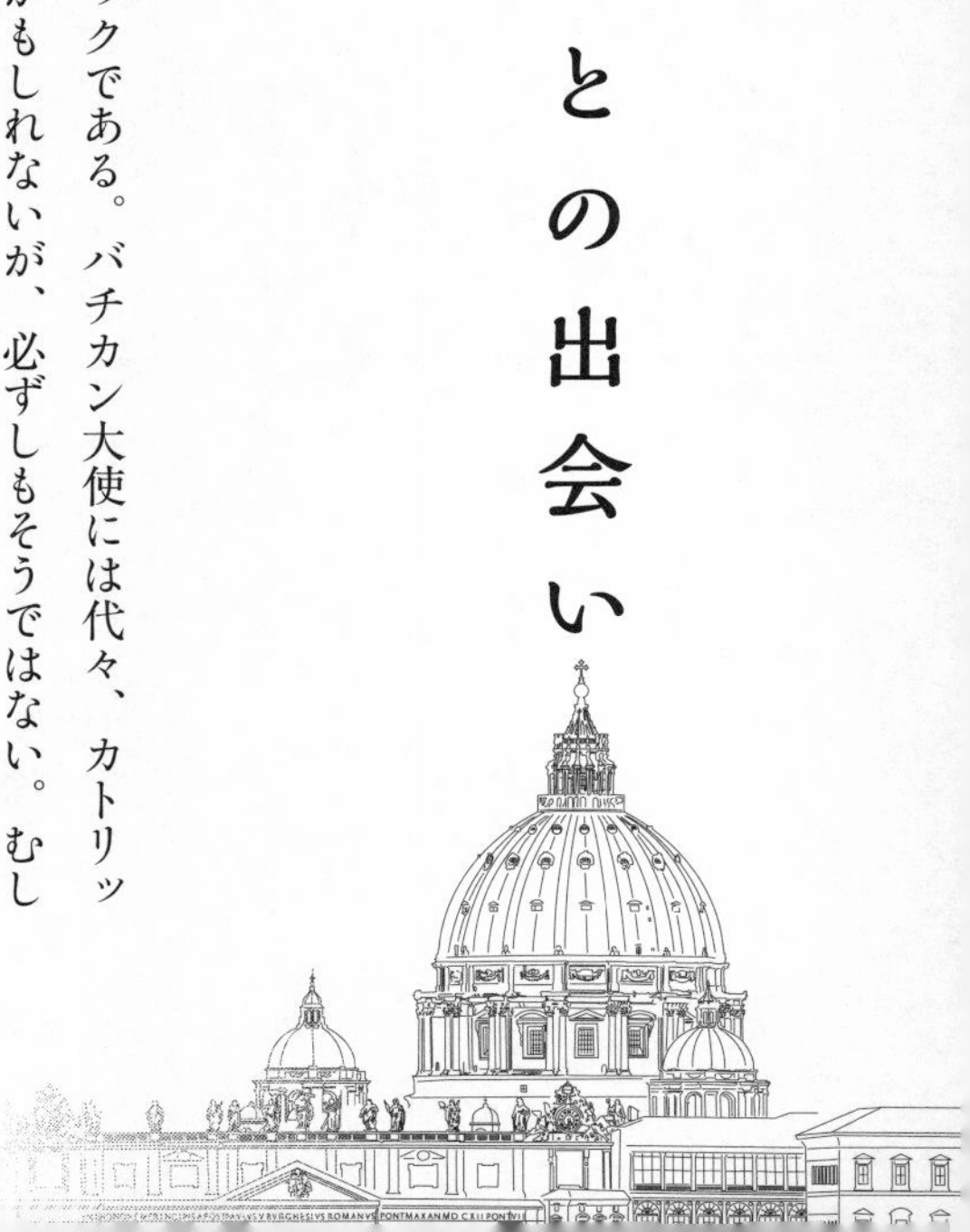

キリスト生誕の絵本と讃美歌

私とバチカンの縁を結んだのが、カトリックである。バチカン大使には代々、カトリック信徒が任命されていると考える人も多いかもしれないが、必ずしもそうではない。むしろ少数派なのではないか。もちろん、バチカンは私がカトリック信徒であることを歓迎してくれた。

私は両親がカトリック信徒であったわけではない。人生の様々な局面でキリスト教と出会い、信徒として生きる道を選んだのである。

記憶に残るキリスト教との出会いは小学生のときである。

近所に住んでいた先生に、英語をいやいや習わされていた。クリスマスが近づいた日のレッスンが、イエス・キリスト生誕の話だった。先生は、英語の絵本を開きながら説明してくれた。

終戦からまだ数年しか経っていない時代である。私が暮らす東京の府中もまだ田畑が広がるのどかな田舎だった。先生が語るキリスト生誕の話は、そんな田舎の小学生に衝撃を与えるに十分だった。なにがどう衝撃的だったか、と問われても、今となっては具体的な説明はできないのだが、別世界の光景のように感じて、キリスト生誕は私の記憶に鮮烈に刻まれた。

また、母は女子学院の前身の1校であるキリスト教系の櫻井女学校で学び、その時に覚えた讃美歌を歌ってくれた。日本ではじめて翻訳された「主《しゅ》われを愛す」（讃美歌461番）である。

「主われを愛す　主は強ければ　われ弱くとも　恐れはあらじ」

Jesus loves me! This I know, For the Bible tells me so. Little ones to Him belong;

They are weak, but He is strong.

その親しみやすいメロディも心に残っている。いまも口ずさめるほどだ。

だが、その後、キリスト教とは疎遠になった。中学、高校、大学時代はキリスト教との接点がまったくなかったのである。

大学卒業を間近に控え、私は進路に悩んでいた。もう少し勉強してみたい。それに、アメリカにも行ってみたいと考えていた。その二つを実現させるためにアメリカ留学に想いを巡らせた。結局は、慶應義塾大学の大学院に進み、財政学を専攻し、租税政策に関する論文を書いた。親しい友人たちはみな就職し、忙しく働いている。大学院生となった私とは、付き合う機会が減っていった。友だちとも会わず研究の息抜きもできない日々が続くとストレスがたまっていった。

勉強に疲れた自分にとって癒やしは何か。私は考えるようになっていた。

そんなある日、ふと渋谷の南平台《なんぺいだい》にあったカトリック渋谷教会をのぞいた。神父が聖書について解説していた。いま振り返ると、これがキリスト教との再会だった。神父に何を教わったのか、恥ずかしながら覚えていない。

私がカトリック信徒になるのは、もう少し先の話だ。

フルブライト奨学生

大学院修士課程を修了した私は、幸運にも経済団体連合会事務局に職を得た。当時、社会科学系の学部を出た大学院生は、大学に残るか、教職に就くかくらいの選択肢しかなかった。両親は学問の道に進んでほしいと考えていたようだが、私は「生きた経済」に触れてみたいと考えたのである。

この考えに合致したのが、経団連事務局といえる。政府の政策決定に経済界の考えをどう反映させていくか。まさに「生きた経済」を働きながら学ぶことができる。

入局後、私は理財部（現・経済本部）に配属となり、税制にたずさわった。自民党の税制調査会が開かれたときは壁に耳をあてて、会議の様子を聞き取ろうとしたこともある。

就職はしたものの、アメリカ留学の夢はまだ温めていた。働きながらも、渡米の道を探った。そのなかで私が注目したのは、フルブライト奨学金制度だった。

フルブライト奨学金制度は、アメリカの政治家、ジェイムズ・ウィリアム・フルブライトが第二次世界大戦直後に発足させた教育交流プロジェクトだ。諸外国からアメリカに学生を招き、またアメリカ人学生を諸外国に送り出す。日米間の交流がスタートしたのは、1952年のことである。

経団連で働きはじめて2年目、フルブライト奨学金制度に応募してみると、合格の通知が届いた。合格を知った経団連の上司から厳命を受ける。

「君にはアメリカで学問を追究するよりも、政治と経済を学んでほしい。だからアイビー・リーグ（東海岸にある八つの名門私立大学）を目指すよりも、アメリカの政治、経済の中心地であるワシントンD.C.の大学を目指してほしい」

私もアメリカで学んだあとは、経団連に再び戻るつもりだったので、上司の言葉に素直に肯《うなず》いた。

ワシントンD.C.にはいくつかの大学がある。複数の候補のなかから、私はカトリック最古の名門であるジョージタウン大学に留学しようと考えた。

同大学はワシントンD.C.の西に位置し、高級住宅街のなかに建つ。現在の教皇フランシスコも所属するイエズス会によって、1789年に創設された。学生の約半数がカトリックの信徒だ。神学を学べるだけでなく、ワシントンD.C.にあるだけに、政治学や国際関係学、経済学にも強い。留学の決め手のひとつとしたのが、アメリカ政府関係者が教授陣に名を連ねていたことだった。

1972年7月、成田空港を発った私は、サンフランシスコ経由でアメリカ中央部のカンザス州ローレンス市に降り立った。なぜ、東海岸のワシントンD.C.ではなく、カンザス州だったのか。フルブライト奨学生には、入学前にオリエンテーションが義務づけられている。私がオリエンテーションを受ける場がカンザス大学だった。

カンザス大学に到着し、あまりにも広大なキャンパスに驚いた。教室への移動や食事に行くにも、学内を走るバスを利用しなければならない。日本の大学とはスケールが違った。

約40日間のオリエンテーション後、私はワシントンD.C.に向かった。我が母校となるジョージタウン大学のキャンパスは、カンザス大学に比べ、こぢんまりとしていた。しかしキャンパス内に建つ、石づくりの小さなチャペルが趣《おもむき》ある雰囲気をかもしていた。大学に慣れると、私はチャペルのなかの堅い椅子に座り、勉強と慣れない異国での暮らしで疲れた心と身体を落ち着かせた。こうして、私の暮らしのなかで、キリスト教が徐々に身近な存在になっていった。

ついに信徒の道が開かれたのは、1973年9月。きっかけは、結婚だった。妻は、高校時代にカトリックの洗礼を受けていた。教会で結婚式を挙げるために、私もカトリック洗足《せんぞく》教会で、洗礼を受けた。

カトリック名「マタイ」

カトリックの洗礼には、受洗者の保証人となる代父母が立ち合う。ただし、受洗者の両親、配偶者は代父や代母にはなれない。代父母は、信徒として一定の資格を持つ人でなくてはならない。

代父は、1953年から1955年まで、2代目駐バチカン特命全権公使として活躍された井上孝治郎さんにお願いした。井上さんは妻の知り合いで、外交官というイメージを体現するかのような物静かな紳士であった。このとき、まさか、私自身がのちにバチカン大使を拝命するとは夢想だにしていなかった。結婚から46年後、私は代父である井上さんから数えて、24代後のバチカン大使となる。つくづく縁とは不思議なものだと思う。

また、代母は聖心修道会のマザー・マーが引き受けてくれた。彼女は聖心インターナショナルスクール（ISSH）の創設者の一人で妻が高校時代に指導を受けたマザーである。私のカトリック名「マタイ」の名付け親は彼女である。

代母をお願いに行った私に対して、彼女がこんな質問をした。

「あなたは、なにを専門に勉強し、どんな仕事をしているの？」

新たな名に関係するとも知らず、私は「租税政策です」と答えた。

「じゃあ、あなたは、マタイね」

こうして私のカトリック名はマタイになったのである。

マタイはイエス・キリストの十二使徒の一人で新約聖書「マタイによる福音書」の著者といわれている。マタイはキリストの弟子になる前、ローマ帝国で、税金を集める仕事を請け負う徴税人として働いていた。不正を働き、税金を不当に集める徴税人が多かったために、人々から嫌われ、宗教的に罪人と見なされていた。

徴税人マタイといえば、有名なエピソードが「憐れみ、そして選ばれた」だ。

聖職者であり、歴史家のベーダ・ヴェネラビリスは、キリストとマタイの出会いについて、こう説明している。イエスは、徴税人（マタイ）を見つめて「憐れみ、そして選ばれた」と話したあとに「私についてきなさい」と話した……。

２０１６年4月11日、私はバチカン大使として、ローマのフィウミチーノ空港に降り立った。バチカンへの第一歩である。その１カ月後の5月19日に大使公邸で開催した赴任レセプションで、私はこんなスピーチをした。

「教皇フランシスコに伝えたいメッセージはあります。それは、教皇とわたしとの個人的関係を示すものです。教皇の紋章には、教皇のモットーが書かれてあります。それは“MISERANDO ATQUE ELIGENDO”（憐れみ、そして選ばれた）です。イエスは罪びとである徴税人マタイを自分の使徒のひとりに選びました。私のカトリックの洗礼名は、税制の専門家でもあるのでマタイです。聖マタイと同様、罪びとです。ここバチカンでの大使としての仕事により、罪を償うために来ました」

カトリックでは、すべての人は罪人であると考える。マタイだけが罪人ではない。アダムとイブは、神の命令に背き、禁断の木の実を口にするという人類最初の罪を犯した。アダムとイブの子孫である人間は罪を背負って生まれてくるとされる。いわゆる「原罪」である。

私は、教皇の訪日を実現することで、罪の償いをしたいと考えていた。

「マタイ」を取り上げた私の挨拶は、レセプションに参列した人に、とてもウケた。こうして私の駐バチカン大使としての仕事は、罪の償いとともにはじまったのである。

「憐れみ、そして選ばれた」

遠回りして、カトリック信徒となった私にとって、とても大切な言葉なのである。

6 スイス衛兵への敬意

質素な隊長室

バチカンに赴任早々、私は聖アンナの門（サンタナ門）に向かった。

バチカンに入るには、三つの門のうちどれかを通らなければならない。そのうちのひとつがサンタナ門である。門をくぐると左手にスイス衛兵の兵舎がある。赴任して８日後の２０１６年４月19日、私はスイス衛兵のグラフ隊長を表敬訪問した。

その地を守る方々に、まず敬意を表するのはひとりの人間として欠くべからざる行動である。

バチカンは、スイス衛兵とバチカン警察により警護されている。鮮やかな紺色と黄色、赤の縦縞のカラフルな制服で歴代ローマ教皇を守るスイス衛兵の姿は、日本でもよく知られている。

スイス衛兵

映画「天使と悪魔」で見たスイス衛兵の隊長室は、IT化された近代的なオフィスだったと思う。しかしそのイメージは見事に覆《くつがえ》された。室内には、隊長の事務机と、5人ほど座るのがやっとの丸テーブルが置かれているだけ。13億人の信徒を持つ教皇を守るスイス衛兵の隊長室にしては、あまりに質素なつくりに驚いた。

「中村さん、あなたがはじめて我々を表敬してくれた日本大使ですよ」

グラフ隊長はとても気さくな人で、そう言って隊長室に迎え入れてくれた。

「隊長への挨拶なしにはバチカンに入れません」という私の言葉に顔をほころばせた。

グラフ隊長は日本のカトリック事情に関心を持ち、質問を重ねた。スイス衛兵の候補者になる資格の一つがスイス国籍を持つカトリック信徒であることだ。グラフ隊長のもと、約100人のスイス人兵士が教皇に仕えている。

「教皇フランシスコが就任してから、我々スイス衛兵も教皇の海外訪問に同行するようになったんですよ」とグラフ隊長は話した。私はすかさず「教皇が来日される際は、同行して日本に来ていただきたい」とお願いした。

「ぜひ行ってみたいのですが、隊長は留守番役なんです。教皇の海外訪問に同行するのは副隊長の役目です。私は副隊長時代にフィリピンと韓国に行きました」

グラフ隊長と親しく話せたおかげで、教皇庁の高官や各国大使だけでなく、バチカンにかかわる様々な人たちと交流する重要性を実感できた気がした。着任したばかりにしては上々の滑り出しである。

スイス衛兵に救われた教皇

ところで、なぜバチカンなのに、スイス衛兵なのか。

バチカンにおけるスイス衛兵の歴史は500年を超える。スイス衛兵が、バチカンで教皇を警護するようになったのは、16世紀初頭のことだ。教皇ユリウス2世が、ヨーロッパ中に勇名を轟《とどろ》かせていたスイス人傭兵150人を雇って、1506年にバチカンを守らせたのがはじまりである。

それから20年が経った1527年5月6日、教皇クレメンス7世は、スイス衛兵の働きにより、九死に一生を得る。

当時、神聖ローマ帝国とフランスはイタリアの支配権を巡ってイタリア戦争を続けていた。教皇クレメンス7世がフランスと手を組んだ結果、神聖ローマ帝国の軍勢がバチカンに侵攻し、殺戮《さつりく》と略奪を繰り広げたのである。

教皇クレメンス7世は、スイス衛兵に守られながらバチカンを脱出した。ようやくサンタンジェロ城に落ち延びたとき、もともと189人いたスイス衛兵は、わずか42人に減っていたという。「ローマ劫掠《ごうりゃく》」と呼ばれる事件である。

「ローマ劫掠」が起きた5月6日には毎年、新人衛兵の宣誓式が教皇宮殿内のサン・ダマソの中庭で行われる。

枢機卿に、外務長官、外務次官、総務次官ら教皇庁の高官が顔をそろえる。私も毎年、参列した。

16時45分、ファンファーレが響くと、鼓笛隊と吹奏楽隊に先導され、鶏冠《けいかん》のような赤い羽根飾りをあしらった兜《かぶと》を被《かぶ》り、正装した衛兵たちが広場に入場する。そしてグラフ隊長が挨拶をし、バチカンとスイスの国歌が演奏される。

いよいよ、宣誓である。

年によって異なるのだが、20人から30人ほどの新兵が、左手に隊旗を掲げ、右手の親指、人差し指、中指を立てる。親指から中指は、キリスト教の教理である三位一体《さんみいったい》の父なる神、子なるキリスト、聖霊を象徴している。

そして、ドイツ語、イタリア語、フランス語のうち得意とする言語で、それぞれが宣誓を行う。「信仰深く、忠実に、尊敬をもって教皇フランシスコに命を投げ出して仕え、司令官への忠誠と尊敬を約束せよ！」というスイス衛兵に所属する聖職者であるチャプレン（従軍神父）の言葉に続き、新衛兵は、勤勉かつ敬虔に職務を全うすることについて力強く宣誓する。

２０１６年5月6日、はじめての宣誓式後、グラフ隊長に隊長主催のレセプションに招かれた。レセプションには、衛兵の家族も招待されている。私も妻とともに、スイス衛兵やその家族たちと会話や食事を楽しんだ。

そのお返し、ではないのだが、私は毎年11月の天皇誕生日レセプションが近づくたび、スイス衛兵の兵舎を訪ねるようになった。衛兵たちを天皇誕生日レセプションに誘うためだ。そのたびにグラフ隊長は喜んでくれた。

「こんなに頻繁に我々を訪ねてくれるのは、中村さんだけですよ。でも私たちもうれしいんです。衛兵たちも他国の人と接して、文化に触れるのはとても有意義なことですから」

あるとき、私はかねてからの疑問をグラフ隊長に質問した。気になっていたのは、紺色、黄色、赤の3色の制服の起源である。

日本ではミケランジェロがデザインしたというのが定説になっているようだが、実際はどうなのだろうか。

「確かにスイス衛兵がバチカンに常駐するようになったのは、ミケランジェロの時代です。でも、実際に制服をデザインしたのは、１９１４年に隊長をつとめたJulius Repondという人物です。Julius Repondがルネサンス期のデザインを参考にして、制服を考案したのかもしれませんね」と、グラフ隊長は丁寧に解説してくれた。

7 マザー・テレサ列聖式

聖人になる儀式

残暑が厳しいサン・ピエトロ広場に大聖堂の鐘が鳴り出した。

２０１６年９月４日午前９時30分、教皇フランシスコが司る列聖《れっせい》式が始まろうとしていた。

それにしても日差しが強く、暑い。参列者に日よけの傘や、水が配られるほどだった。

あまりの暑さに耐えきれずに木陰に入ると、秋を思わせる爽やかな風が気持ちよかった。

聖ミカエル、聖ヨセフ、聖ペトロ、聖パウロ……と、聖人の名前が次から次へと告げら

れる。

聖人とは、生存中にキリストの模範に忠実に従い、その教えを完全に実行した人たちのことである。聖人たちに対する崇敬が、カトリック教会がほかのキリスト教会と一線を画す特徴のひとつだ。

この列聖式で、一人の信者が聖人に加えられる。マザー・テレサである。

テレサは、1910年にユーゴスラヴィア（現在の北マケドニア）に生まれ、インドのコルカタで、生涯にわたり、貧民や孤児、病人の救済に奔走した人物だ。

教皇フランシスコがテレサの列聖を宣言した。

サン・ピエトロ広場にかけつけた12万人もの参列者から、地鳴りのような歓声がわき起こる。ここにマザー・テレサは、コルカタの聖人テレサになり、ローマ・カトリック教会の最高位の崇敬対象となった。

教皇は、列聖式の説教において、マザー・テレサをこう賞賛した。

マザー・テレサは全生涯にわたって、神のいつくしみを大きく広めました。そして、生まれなかった子ども、世間から見捨てられ無視された人などの人々のいのちを受け入れ、守ることを通して、あらゆる人のために尽くしました。彼女は懸命にいのちを守りつつ、いつも語っていました。「胎児のいのちは、もっとも弱く、小さく、無防備です」。衰弱し路上で死にかけている人々の前に彼女はかがみこみ、彼らの内に、神がお与えになった尊厳を見ました。そして、この世の権力者の前で声を上げ、貧困を生み出すという犯罪による罪――まさに罪です――を負っていることを彼らに自覚させようとしました。マザー・テレサにとっていつくしみは、自分の働きに味を付ける「塩」であるとともに、貧困と苦しみのために涙も枯れ果てた大勢の人々の闇を照らす「光」でもありました。

都市の周辺部と、人々の心の辺境に対して彼女が行った宣教は、神が貧困のどん底にいる人々に寄り添っておられることを雄弁に物語るあかしを、現代のわたしたちに伝え続けています。今日わたしは、女性にとって、修道者にとって象徴的なこの人物を、ボランティア界全体に伝えます。彼女が皆さんの聖性の模範となりますように。彼女のことを聖テレサと呼ぶのは、少々抵抗があるかもしれません。彼女の聖性はあまりにも親しみやすく、優しく、実り豊かなので、わたしたちは自然に彼女のことを「マザー・テレサ」と呼び続けることでしょう。

活動の唯一の基準は無償の愛であることを、わたしたちがより深く理解できるよう、この疲れを知らないいつくしみの働き手が助けてくださいますように。無償の愛はどんなイデオロギーや制約にも縛られず、言語、文化、人種、宗教の違いに関係なく、すべての人に無償で与えられます。「ことばが話せなくても、微笑むことはできる」とマザー・テレサはよく言っていました。彼女の微笑みを心に抱き、人生の旅路で出会う人々、とりわけ苦しんでいる人々に微笑みかけましょう。そうすれば、失意のうちに理解と優しさを求めている多くの兄弟姉妹に、喜びと希望をもたらす機会を切り開くことができるでしょう。

（カトリック中央協議会）

日本人シスター

マザー・テレサ列聖式には、15の国の代表団と、13カ国の元首や首脳が出席したという。カトリック信徒とマザー・テレサに縁が深い国、アルバニア、マケドニア（現・北マケドニア）、コソボ、さらにインドの国旗が振られている。日の丸を探してみたが、残念ながら見当たらなかった。

最後にカトリック信徒の参列者全員が聖体《せいたい》（キリストの体としてのパン）をいただく。教皇庁の発表によると、12万人がサン・ピエトロ広場を埋め尽くし、8万の聖体が配られたという。

列聖式は、2時間近くも続いた。いま思い出しても、あの暑さのなか、よく耐えられたと感じる。

「Did you survive yesterday?」

翌日、儀典長に尋ねられるほどの暑さだったのだ。

マザー・テレサの列聖を記念し、バチカンやローマでは様々なイベントが催された。

列聖式前日の9月3日、私はアメリカ大使公邸のレセプションに招かれた。アメリカの代表団の団長であるリサ・モナコ国土安全保障・テロ対策補佐官は、ボストン郊外のニュートンに住んでいるという。私が1990年にボストン・カレッジの客員教授時代に住んでいた町だった。共通の話題がのぼり、話が弾んだ。

その後、コソボ・カトリック教会主催のコンサートのために、サン・パウロ大聖堂に向かった。アルバニア、コソボ、マケドニア混成のオーケストラにより、アヴェ・マリアからはじまり、マザー・テレサの賛歌まで十数曲が披露された。あの広大なサン・パウロ大聖堂を埋め尽くした聴衆を感動させる演奏だった。

列聖式当日の夜は、マケドニア政府が、マザー・テレサのドキュメンタリーフィルムの映写会を開催した。バチカンを訪れていたギョルギェ・イヴァノフ大統領も出席したという。

翌日は、前日の炎天下から一転、曇り空のもと、私はピエトロ・パロリン国務長官の司式による感謝ミサに出席した。終了後、聖テレサが創設した「神の愛の宣教者会」の日本人のシスター数人とお目にかかる機会があった。

そのなかの一人が、コルカタで一緒に活動する100歳の修道女をわざわざ紹介してくれた。握手を交わしたのだが、あの力強い感触は忘れられない。

私は日本人シスターを大使公邸にお招きした。マザー・テレサが遺《のこ》した「神の愛の宣教者会」について、詳しく聞きたかったのである。しかしすぐにコルカタに戻るそうで、実現できなかった。のちに聞いたところでは、彼女たちは修道会以外での食事は贅沢になるから、と会食の誘いを遠慮しているのだという。

死後19年、異例の列聖

この時期、マザー・テレサに関するイベントが相次いだ。列聖式から少し時間が経った10月19日には、教皇庁立ウルバノ大学でマザー・テレサについての展示会とシンポジウムが開かれた。マザー・テレサの列聖は、カトリック信徒にとって、そして関係者や市民にとって、特別な出来事だったのだろう。

残念ながら、列聖式に日本のカトリック教会を代表して参加した人はいなかったようだ。カトリック中央協議会のローマ事務所長である和田神父に伺うと「なんの連絡も案内もなかった」と話していた。せっかくの列聖式である。もう少し密にコミュニケーションをとれないものかと思わざるを得なかった。

列聖式ではうれしい出会いもあった。

日本からバチカンを訪れたイエズス会の片柳弘史神父と出会った。彼はコルカタでマザー・テレサのもとでボランティアとして働いていた。そして実際に、マザー・テレサの言葉に感化され、イエズス会に入会した人物だ。

『Chirsitian Today』（２０１６年11月８日）に片柳神父の列聖式参列報告が掲載された。

マザーは、生涯をかけて神の御旨を生きた人、「まさに聖人であった」と片柳神父は言う。地上において、マザーがスラム街で奉仕をしていたときからすでに聖人であり、天に帰った後も聖人であるというのだ。では、なぜあらためて「列聖」されたのだろうか。

片柳神父は、「『列聖』をすることによって、マザー・テレサの生涯を思い起こしましょうということなのです。思い出して、マザーのように愛に生きること、愛を実践して、いつの日かマザーがいる天国に行きましょうということなのです。ですから、列聖されるというのは、マザーのためではなく、残された私たちのためなのです。マザーの生涯が私たちの道しるべとなるように、この『列聖』が行われたのです」と話した。（略）

ミサが終わった後、神父が一番感動したとする場面に出会った。それは、マザーが設立した「神の愛の宣教者会」のシスターたち約３００人が聖ピエトロ大聖堂の前の階段に並び、記念写真を撮っていた場面だった。

「彼女たちにとって、人生の中で一番晴れがましい瞬間だったのではないでしょうか。普段は、全く日の当たらない社会の片隅に追いやられた方々の中に入って働くシスターたちが、世界の中心の聖ピエトロ聖堂の前で記念写真を撮るなんて、おそらく一生のうちに一度でしょう。この日、太陽の日差しをたくさん浴びて、神様の愛を感じ、本当にうれしそうな顔で記念写真を撮られていたのは、非常に感動的でした」と話した。（略）

最後に片柳神父は、「私たちは、神の慈しみを生きる証人としての使命を与えられています。その出発点になるのは、私たちは神様に愛されているということを日々噛みしめ、感謝することではないでしょうか。そして、マザーのように苦しんでいる人がいたら『放っておけない』という気持ちを持つこと。そうすることによって、神様の慈しみをこの世の中に証しすることができるのです。神の愛の存在証明は、私たちの生き方以外ないのです」と報告会を締めくくった。

マザー・テレサの功績はカトリック信徒でなくても、全世界に広く知られている。とはいえ、死後19年での列聖は異例の早さだ。

そもそも殉教者でない場合、聖人には二度の奇跡が必要とされる。

その調査は、規定によると死後5年が過ぎてからはじめられる。しかし、マザー・テレサについては、先々代の教皇ヨハネ・パウロ2世の決断により、死後2年が経った1999年にはじめられた。

2003年、教皇ヨハネ・パウロ2世は、マザー・テレサが、腹部に腫瘍《しゅよう》のあったインド人女性を快癒《かいゆ》させた奇跡を認めて、福者《ふくしゃ》であるとした。「福者」とは、死後、聖性を認められ、与えられる称号である。

さらに、教皇フランシスコは、2015年12月、脳腫瘍のブラジル人男性を治癒させたという、二度目の奇跡を承認し、マザー・テレサを列聖した。

実は、カトリック界には、一部でマザー・テレサへの批判がある。

「神の愛の宣教者会」には、衛生上や医学上の問題があるという指摘や、一度目の奇跡である女性の腫瘍が、単なる包嚢《ほうのう》だったのではないかと疑う声もある。インドで末期《まつご》の患者へキリスト教への改宗を迫った、とも言われる。

しかし、自らを顧みずインドのスラム街に身を投じていった気迫は真実である。最貧者に尽くした功績は、これからも評価されるべきであろう。私にとっても、マザー・テレサの列聖式に参列できたことは、忘れられない思い出である。

8 日本のカトリック界への疑問

日本に対するバチカンの眼差し

バチカンに着任してから、少なからずショックを受けたことがある。それが日本に対するバチカンの人たちの関心の低さだ。

着任当初、教皇庁のとある高官に挨拶に伺った。彼は日本にもカトリックの長い歴史があると評価しつつも、こう語ったのだ。

「最近日本のカトリック界とバチカンとは、コンタクトがない。たぶん、差し迫った問題がなく、我々の力を必要としていないのだろう」

日本のカトリック人口は約44万人で、全人口の0・35％に過ぎない。しかし日本にはカトリック系の大学、小中高の教育機関は291校もあり、幼稚園は513にのぼる。カトリック系の教育機関では、約20万人が教育を受けている（2019年5月1日時点、日本カトリック学校連合会）。カトリックの精神は広く伝わっているはずなのに、信徒の裾野は広がらない。

日本に対して無関心の態度をとる高官に、私は次のように訴えた。

「問題がないからコンタクトがない。しかし、コンタクトがなければ、問題があるかどうか、どんな問題を抱えているのかもわからない。そこが最大の問題なのではないでしょうか」

そもそも日本のカトリック界は、長い歴史を持っている割には、信徒の数は抑圧された時代とあまり変わっていない。

日本のカトリック界は、教皇フランシスコの教えである「聖職者は教会に籠っていないで、外に出向き、教会から遠い人々、教会から去ってしまった人々、つまり、peripheral（周辺）の人々へのアプローチをせよ」をまず考えるべきなのだが、実現できていない。そうした日本の現状を知り、バチカンは力を貸すべきではないだろうか。

２０１７年９月、日本のカトリック中央協議会は、教皇庁の福音宣教省長官であったフェルナンド・フィローニ枢機卿を日本に招いた。福音宣教省は、非カトリック国にキリストの教えを広める活動を司る。長官は宣教にあたり大司教、司教を選任し、教皇に推薦するとも言われている。彼は教皇フランシスコの親書を携え、来日した。

親書で、教皇は日本におけるカトリック教会の使命を適切に指摘されていた。

〈わたしは日本における離婚や自殺率の高さ、若者たちの間における自殺の多さ、また社会生活から完全に孤立して生活することを選び取る人々の存在（「引きこもり」のこと）、宗教や霊性の形骸化、倫理的相対主義、宗教に対する無関心、仕事や儲けに関する過度の執着などのことを考えています。同様に、これも本当のことですが、経済的に発展した社会は、皆さんの中にも見られるように、新たに貧しい人や疎外者、落ちこぼれる人を生み出します。何もわたしは物質的に貧しい人々のことだけを指摘しているのではなく、霊的に、また倫理的に貧しい人々のことも考えているのです。このような多様な現状にあって日本の教会には、イエスから託された使命の選択を絶えず新たにし、そしてさらに「地の塩」

「世の光」であることが緊急に必要なことなのです〉（カトリック中央協議会）

日本のカトリック中央協議会のホームページ（2017年9月21日）で、親書を届けたフィローニ枢機卿の日本での様子を報じている。

〈（フィローニ枢機卿は）日本の信者の少なさや少子高齢化に理解を示しながらも、「日本の人々は福音を必要としているのではありませんか」と問い掛けます。「なぜこんなに多くの若者が死を選ぶのですか。日本には貧しい人はいないのですか。悩み、苦しむ人はいないのですか。病気の人や牢獄にいる人はいないのですか」。だから福音を伝えてください、と同枢機卿は訴えました〉

フィローニ枢機卿は来日期間中、被爆した広島と長崎、原発事故で帰宅困難区域になった福島県南相馬、ほかにも東京、大阪、仙台、福岡などを訪れ、信徒と交流した。そんな体験から、日本での福音宣教の必要性を感じたに違いない。

政治的主張が強い日本のキリスト教会

日本のカトリック教会をめぐる実情はどうなのであろうか。

バチカンに赴任する前の出来事である。ある日曜日の朝、私はいつものようにミサに参列していた。やがて神父の説教がはじまった。説教の中心が原子力発電反対の主張だったことには、違和感を覚えた。

ちょうどその日は、選挙の投票日で、原子力発電に反対する候補者がおり、明らかにその候補者を支持する内容であった。

「地の塩」「世の光」であれ、という教皇が指摘されていた教会や信徒の本来果たすべき役割がおざなりになっているのではないかと感じた。

日本のカトリックの実情を知るため、カトリック中央協議会のホームページを開くと、こんな政治色が強い文言が目に入ってくる。

ＰＫＯ法案反対（１９９１年）、オスプレイ沖縄普天間基地配備に抗議（２０１２年）、特定機密保護法に反対（2013年）、集団的自衛権の行使容認の閣議決定に反対（2014年）、安全保障関連法案の強行採決に厳重抗議（2015年）、原子力発電の撤廃（2016年）……。

このあたりの経緯についてインターネット・マガジン「カトリック・あい」の代表の南條俊二氏が、カトリック横浜教区・雪ノ下教会プラチナ会主催の講演（2018年9月30日）で、鋭く語っている。「カトリック・あい」から一部引用しよう。

〈（前略）1980年代後半に二度にわたる全国的取り組みとしての全国福音宣教推進会議（NICE）が開催され、教会刷新へ聖職者、一般信徒をあげた具体的な動きが広がることが期待された。

だが、「高松問題」——スペインで始まった運動「新求道共同体への道」が高松教区に、日本の神学校とは関係なく神学校を開設、同運動の外国人を中心とした信徒たちの動きもあって地元教区に大きな混乱を起こし、これに対する司教団の中に姿勢の乱れがでた——を契機に、司教たちの全国的な連帯が崩れた。

そして、それ以降、NICEは、その取り組みを発展、軌道に乗せるための会議は開かれず、推進役だった白柳枢機卿・森補佐司教が舞台から去った後は、教会刷新に目立った成果も生まない〝空白の30年〟となった〉

日本のキリスト教会が抱える問題を指摘したあとに、南條氏は教会が社会や信徒といかにかかわっていくか、述べていく。

〈このような流れの中で、現在は、教皇の提起する課題、その検討のカギを握るシノドスなど、世界的な取り組みには〝消極的参加〟のみ。一連のシノドスでも発言無し、存在感無し。信徒への報告も無い。

政治、社会、経済各方面のリーダーの劣化。少子高齢化、家庭崩壊、少年非行・自殺など、現在の日本が抱える深刻な社会問題も直視できず、「列福」「東北災害」、あるいは教会関係者、信徒の間にも異論のある政治問題に「憲法改正反対」など特定の政党のような旗を掲げる以外に目立つ動きはなく、悩み苦しむ多くの人々の心に響くものも打ち出せていない〉

南條氏の指摘から、日本カトリック界が抱える問題点が見えてくる。

日本の教会は、キリストの教えやバチカンの動きなどを中心に活動してほしい。さらに、私たちの身近な問題である高齢者の孤立、若者の悩み、児童虐待など日本社会が抱える問題についての教会の考えや活動を話してほしい。このように感じるのは私だけではないように思う。

さらに南條氏は月刊誌『カトリック生活』（2016年7月号）で次のように訴える。

〈特に政治にかかわる問題は、教会内部でも見解や対応が異なることが多いようです。それを無視し、国内外の現状などについて認識を欠き、浅薄な正義感から偏った政治的主張を振り回せば、一部の政治勢力や特定の国家を利するだけで、何の役にも立たない可能性があります〉

信徒の間で考えの分かれる問題について、教皇庁も意見を明らかにしていない。前述したように、原子力発電について教皇は、日本訪問の後ローマへの帰途の機内で、記者の質問に対し、個人的見解として安全の確保されていない原発に否定的な発言をした。しかし、その後、教皇庁から原子力の平和利用についての見解が示されることはなかった。

南條氏は、同誌2016年9月号で、日本の教会の役割について、こうも記している。

〈深刻な少子高齢化の進展。その中で、家庭崩壊が起き、家庭内外での他へのおもいやりの喪失、子どもの養育あるいは親の介護に疲れた人々が自ら、あるいはともにいのちを絶つという惨事も毎日のように起きている……。日本社会が直面しているこうした問題に、真剣に具体的に取り組み、少しでも「愛のよろこび」「家庭のよろこび」を広げるように努めること。それをしなければ日本社会に光をもたらす「教会のよろこび」につながらないのではないしょうか〉

私も南條氏の意見に完全に同意する。顕在化した社会問題に、そして、苦しむ人たちにカトリック教会がどう向き合い、支えていくか。いま、日本のカトリック界全体が問われている。この点はすでに来日したフィローニ枢機卿からも指摘されているし、その後来日した教皇も強く指摘された。

政治運動に利用される信仰

もう少し、日本のカトリック教会のあり方がバチカンとかい離していく原因を、考察してみたい。

2015年は、戦後70年目にあたる節目だった。日本カトリック司教団は以下のような声明文を発表した。

〈平和を実現する人は幸い——今こそ武力によらない平和を〉

これまで世界のカトリック教会が軍拡競争や武力による紛争解決に対し、反対する姿勢をとってきたという。だから自分たちの主張は〈何らかの政治的イデオロギーに基づく姿勢ではありません〉と説明する。その上で、日本の歴史認識、特定秘密保護法、集団的自衛権の行使容認、沖縄の基地問題などに強い懸念を示す。最後に、日本の戦後70年は、第二バチカン公会議閉幕50年でもあるので、〈平和を実現するために働き続けることを改めて決意します〉と声明文を結ぶ。

この声明文は過去や現在への反省、批判において極めて具体的である。一方、〈平和を実現するために働き続けること〉に、具体性はまったくないと感じた。

「平和を実現するための働き」とは、何を指すのだろう。

歴史認識、特定秘密保護法、集団的自衛権の行使容認、沖縄の基地問題などへの批判的な姿勢が〝平和を実現させるための働き〟だとしたら、それはキリスト教の信仰とは直接には関係ない。世俗的な政治運動によって解決すべき問題であるようにも思う。

日本のカトリック司教団などから出される「戦争」「平和」に関する声明文は、バチカンなどの文書と一線を画する点がある。それは、正当防衛や正戦論についての考えである。

「正戦論」とは、戦争を正当な戦争と不当な戦争とに区別して、正当な原因をもつ戦争だけを合法と認める理論である（ブリタニカ国際大百科事典）。

桃山学院大学で、宗教学や戦争学の教鞭を執る石川明人准教授は『キリスト教と戦争――「愛と平和」を説きつつ戦う論理』（中公新書）で、日本のカトリック教会を端的に論じている。

〈現在の日本のカトリック教会は、「カテキズム」や「現代世界憲章」で明らかに示されている「正戦論」や「正当防衛」を認める考えには、まったくといっていいほど触れていないのである〉

日本のカトリック教会の文書には、軍人や自衛官の働きや、チャプレン（従軍神父）の役割を肯定する文章は一切ない。

戦争や軍事に関しては、とにかく全面的に否定する。日本のカトリック教会は、そのような素朴な姿勢で貫かれている。

本来の役割

改めて言えば、カトリック教会の使命は、政治運動、市民運動そのものではない。教会は政治、社会の具体的な諸問題に直接は関わるべきではなく、福音宣教に専念すべきだと考える信徒も少なくない。

日本のカトリック界が、バチカンの動きからかけ離れてしまう大きな要因が、ここにあるように感じる。

私の親しい友人の知り合いが体験した話を紹介したい。

その人の息子が大学に進学した。入学当初、彼の悩みを知った宗教団体（非カトリック）から執拗に勧誘され、入信してしまった。本人はすぐにこの団体の問題点に気づき、脱会しようとした。しかし脱会を認めてもらえない。困ったあげく、カトリック教会の神父に相談したが、相手にしてもらえず、状況は日々悪化していった。ついに親が宗教と無関係の団体の幹部に相談すると親身に対応してくれ、無事に脱会できたという。

家族や個人が抱える社会的、個人的な問題の相談にのり、悩みを解決に導く。それが、カトリック教会が果たさなければならない本来の使命のはずだ。このケースはそうはならなかった。

バチカン赴任中、日本から多くの聖職者をお迎えし、意見交換する機会に恵まれた。みな穏やかで、尊敬に値する素晴らしい方ばかりだった。私も信徒の一人として誇りに思う瞬間が多かった。

これ以上は言及しないが、信徒の一人として、日曜日のミサでは、政治的な主張ではなく、キリスト教の教えや教皇の教え、いまバチカンで起こっている出来事を聞きたいと切に願う。

9 ビジネス界出身の大使として

四つの市場とステークホルダー

バチカン赴任直後、シルバノ・トマジ大司教（現在は枢機卿）のもとへご挨拶に伺った。シルバノ・トマジ大司教は、軍縮外交の専門家として、国連のバチカン代表としてジュネーブに駐在した経験を持つ。そこでステークホルダー経済について、こんな話をした。

「現在の資本主義経済体制を支える企業の責任は重く、なかでも現在の新自由主義経済体制下で多大の利益を得るグローバル企業や大企業はより大きな責任を負います。さらに市場といっても、財・サービス市場、労働市場、資本市場に加えて、最近はコミュニティ市

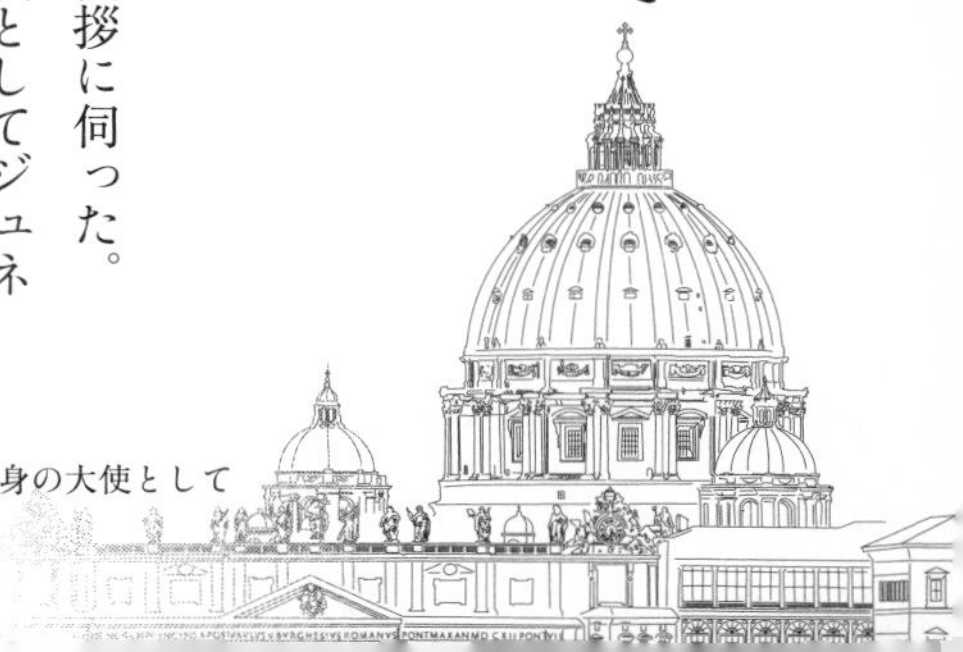

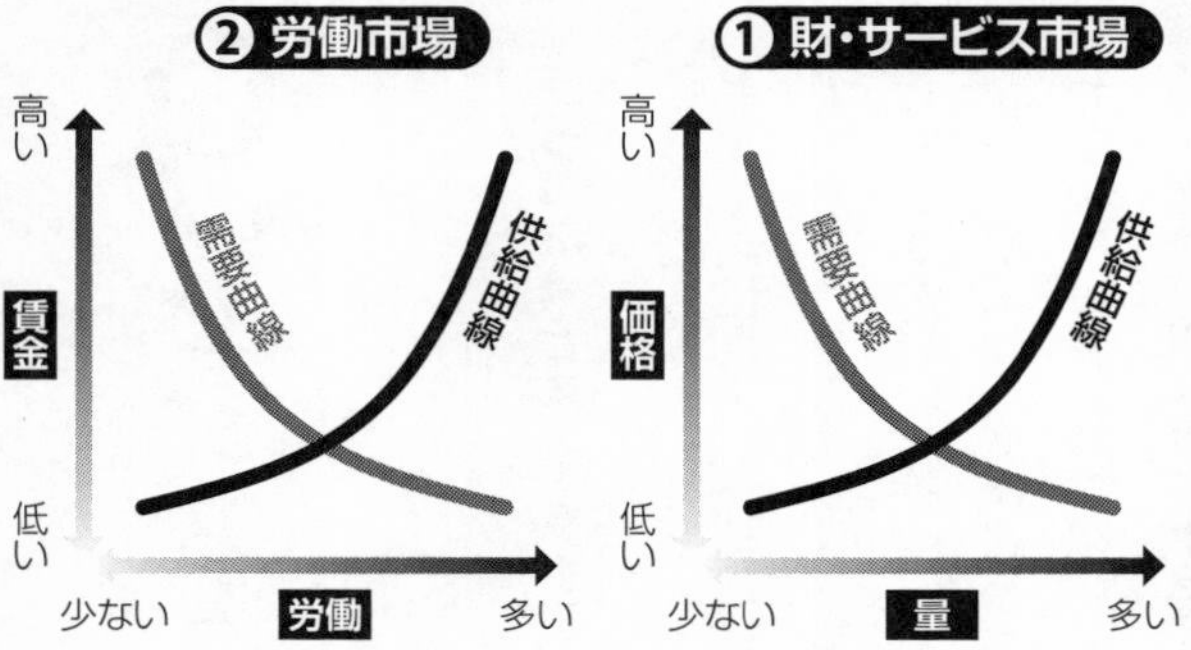

価格が低ければ、**顧客（ステークホルダー）**は多く買いたいと、反対に**企業**は価格が高ければ、多く供給したいと考える。

企業は労働者の賃金が低ければ多く雇用したいと、反対に**労働者**は賃金が高ければ、より働きたいと考える。

場が出現しました」

ステークホルダーをわかりやすく解説すれば、企業が活動を行うことで影響を受ける利害関係者だ。かつて企業が直面する市場は、財・サービス市場、労働市場、資本市場の3市場だった。財・サービス市場では商品・サービスの価格が、労働市場では賃金が、資本市場では利子率が、市場の需要と供給を決定する。

財・サービス市場では消費者、労働市場では労働者、資本市場では資金提供者が、それぞれステークホルダーとして登場する。

近年、前述の三つの市場に加え、企業

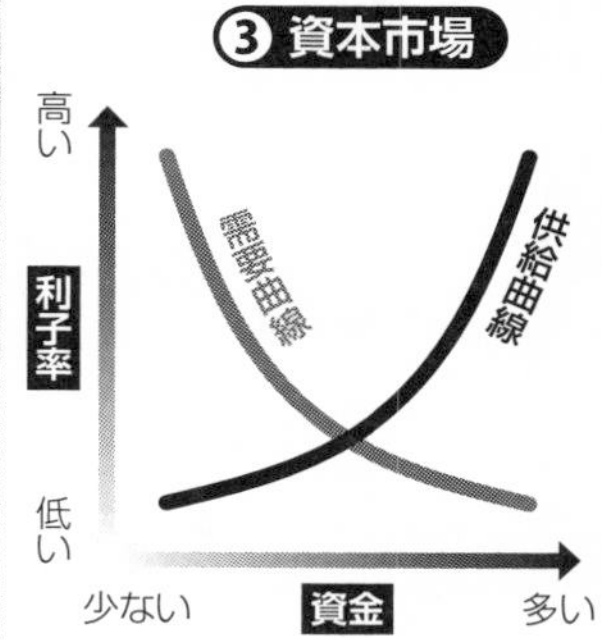

企業は利子が低ければ、より資金を調達したいと、反対に**資金提供者**は利子が高ければ、より資金を投資したいと考える。

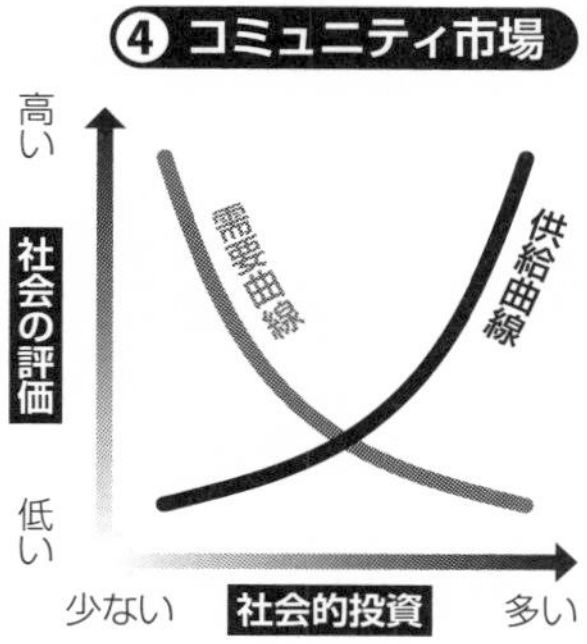

企業はその社会的な行動が高く評価されれば、さらに進めたいと、反対に**住民**は地元企業の社会的な行動を評価できなければ、さらなる行動を促したいと考える。

はコミュニティ市場にも対応しなければならばならないと考えている。コミュニティ市場の需要と供給を決定するのは、社会の評価であり、ステークホルダーは住民である。わかりやすくいえば、環境保全を重視する企業や、社会的弱者に対して配慮する企業について、人々はその企業の製品を買いたい、サービスを受けたい、働きたい、投資したいと考えるようになる……。

　トマジ大司教は私が1990年から1年間、客員教授として招かれたボストン・カレッジでの経験から導き出した考え方に、とても関心を示してくれていた。私が書いたメモを持って行くほどであった。

それから数カ月が経った2016年秋、トマジ大司教から一本の電話がかかってきた。トマジ大司教は、「来月ワシントンで講演をする時に、四つの市場とステークホルダーについて話すよ」と語った。そして「11月にバチカンで開催されるカトリック経営者の会議、UNIAPACで、ステークホルダー経済について説明してほしい」という依頼もいただいた。

最高の機会だと感謝し、すぐに準備にとりかかって講演にのぞんだ。

「企業は、一般化すると、財・サービス、労働、資本の三市場で生産のための要素を調達し、生産をして収益の最大化をはかる行動をとる。それぞれの市場で需給の調節が行われ、財・サービス市場では製品・サービスの価格、労働市場では賃金、資本市場では利子率が成立する。ステークホルダーは、財・サービス市場では顧客、労働市場では労働者、資本市場では資金提供者であろう。

しかし、企業は単に収益最大化行動のみでは存続できなくなっており、経済社会の主体としての行動が要請されている。企業は社会との関係、立地するコミュニティの一員としての行動が求められる。ここに、第4の市場として、コミュニティ市場が登場する。企業は、コミュニティの便益を配慮した行動が求められる。

例えば、環境保全、差別のない雇用などにより、コミュニティへ貢献する活動である。これは企業にとり、社会的投資である。企業は、この社会的投資により、コミュニティから評価を受ける。コミュニティは、企業の供給する社会的投資への需要を作り出し、企業への評価をする。ここでは、コミュニティの住民がステークホルダーとなる。住民は、企業がいかにコミュニティ、社会、国に貢献するかを重視する。例えば、環境に配慮する企業の製品やサービスを購入する、そのような企業に職を求める、そのような企業に投資をする。

このように、企業は、経済社会主体として、顧客、従業員、株主ばかりでなく、コミュニティ住民などのステークホルダーに配慮した経営行動が求められる」

演壇を降りた私のもとに集まった10人ほどの経営者の質問に答え、追加で説明もした。

講演後、パロリン国務長官には、「中村はバチカン大使だけど、エコノミスト大使でもある」と評され、会議で司会をしたピーター・コドボ・アピア・タークソン枢機卿は私を

「教授」と呼ぶようになった。面はゆいながらも、うれしい経験だった。

日本ビジネス界とバチカンの関係

先にも触れたが、私がステークホルダー経済の重要性に注目したのは、ボストン・カレッジの客員教授時代の90年頃からだ。それから約30年後、ステークホルダー経済がようやく浸透してきたと実感した。

2019年8月、アメリカの主要企業約200社のトップが会員となっているアメリカの経済団体であるビジネス・ラウンドテーブルは、これまでの株主至上主義を脱却して、人や社会を重視すべき、という方針を打ち出した。

近年、経済活動の新たな息吹を感じるようになった。ESG（環境、社会、ガバナンス）投資に取り組む企業が増加しているのもそのひとつだ。

2021年のダボス会議について、世界経済フォーラムのクラウス・シュワブ会長も次のように発言している。

「社会サービスを充実させた『社会的市場経済（social market economy）』が必要になる。政府にもESGの重視が求められる」

私はビジネス界出身の大使である。日本とバチカンはビジネス面でも、もっと緊密なつながりを持つべきだと考えてきた。

日本とバチカンのビジネス——そう語ると日本でほとんどの人は、まったく手つかずだと感じるようだ。

しかし、実際は日本のビジネスとバチカンとの結びつきは徐々につくられはじめている。まずNTTデータとキヤノンが、2014年からバチカン図書館所蔵の手書き文献約8万冊のデジタル化事業に参加している。これら文書がデジタル化されれば、貴重な資料へのアクセスが容易になる。

遡《さかのぼ》れば、前述のようにシスティーナ礼拝堂のフレスコ画の修復は民間の日本テレビの協力によりなされた。

2015年には、凸版印刷印刷博物館とバチカン図書館の共催で、東京で「ヴァチカン教皇庁図書館展Ⅱ」が開かれている。なお、印刷博物館では、デジタル化されたバチカン宮殿内のシスティーナ礼拝堂の見学ができる。

このように文化事業、あるいは学術事業を支えるビジネス交流がさかんに行われている。もちろん学術的な交流も続いている。1932年からカトリック大分教会の神父をつとめたサレジオ会のマリオ・マレガ神父は、キリシタン弾圧に関する資料などを広く蒐集《しゅうしゅう》し、古事記をイタリア語に翻訳したり、『日本の思想とカトリックの思想』『豊後切支丹史料』『カトリックは答へる』などを出版したり、と宣教だけにとどまらない活動を続けた。

長年、マレガ神父が蒐集した資料は、戦災などで失われたと考えられていた。しかし2011年、バチカン図書館で、マレガ神父が蒐集した1万点以上の「マレガ・コレクション」が発見される。

現在、「マレガ・プロジェクト」として、バチカン図書館と、日本の人間文化研究機構の国文学研究資料館、同じく国立歴史民俗博物館、大分県立先哲史料館、東京大学史料編纂所などが共同研究を続けている。

日本のメディアとの関係構築も忘れてはならない。

2018年12月2日午前10時（バチカン時間）、NHKは8K放送開局記念スペシャル番組を、サン・ピエトロ広場からライブで放送した。サン・ピエトロ大聖堂の責任者であるアンジェロ・コマストリ枢機卿と私も冒頭に出演した。

まず、枢機卿がサン・ピエトロ大聖堂の歴史、さらにバチカンからの８Ｋ放送の意義を説明された。

私からは日本とバチカンのこれまでの歴史、関係を話した。さらに「教皇の訪日によりバチカンへの親近感は高まります。ＮＨＫによる８Ｋ放送が、ここバチカンのサン・ピエトロ広場からされ、視聴者にリアルにバチカンを感じていただき、日本とバチカンとの関係がますます強化されることを期待します」といった趣旨のことを述べた。

コマストリ枢機卿は、自らサン・ピエトロ大聖堂を案内された。バルバラ・ヤッタ館長からバチカン美術館が紹介された。

バチカンに関心を持つ日本の方も増えたことだろう。

官と民のカルチャー

この章の締めくくりに、民間からバチカン大使となった私が在任中、官と民のカルチャーの違いに戸惑ったこともお伝えしたい。

たとえば、こんなことがあった。教皇庁の機関紙「オッサルバトーレ・ロマーノ」紙に投稿すべく、外務省本省に原稿を送り許可を求めた。許可を得るまでに、省内でたらい回しにされた。許可の基準も不明確であると感じた。許可まで時間を要し、締切りに間に合わず実現できなかったこともある。

あるレセプションで、天候の悪化に備え、テントを借りることを提案したが、予算に計上していないという理由で、借りることはできないと会計担当者から指摘されたことがある。そこで、自らの資金でテントを借りることにした。

しかし、私的なテントの下に公の資金で用意した食べ物を置くことはできないとの返事がかえってくる。結局、責任は自分がとることにして、テントを借り、その下に食べ物を供した。

公邸での食事会に未成年者を入れることはできないというルールも、時代錯誤だった。入れる場合は、大使の負担になる。後述するように75周年事業での作文コンクールで選ばれた高校生をバチカンに招いたが、彼らとの公邸での夕食会は大使負担となった。

また、他国の大使を食事会に招く場合、招待客の家族の中に未成年者がいると、その食費は大使負担となるのである。

すべては書かないが、外務省のカルチャーには改善の余地が多いと考えている。

10 世界の宗教指導者が集う

巡礼地アッシジ

2016年9月20日、涼しさを少しだけ感じる朝7時15分に公邸を出発した。北へ向かって、3時間弱で、古い石造りの建物が並ぶ緑の丘陵が見わたせる。のどかな風景は、いかにも平和の街という印象である。イタリアのアッシジは、フランシスコ会の聖フランシスコの出身地で、キリスト教の巡礼地としても知られる。

丘の上に建つホテルの前には、「Thirst for Peace」（平和への渇望）の看板が掲げられていた。

この日は、アッシジで3日にわたって開かれた「アッシジ国際平和会議」（諸宗教と文化

の対話集会）の最終日だった。集会のテーマが Thirst for Peace だ。教皇フランシスコも出席する同会議に、私も参加しようとアッシジに足を運んだ。

「アッシジ国際平和会議」は、聖エジディオ共同体が、アッシジ司教区と聖フランシスコ会の協力で催したミーティングだ。先々代の教皇ヨハネ・パウロ2世が冷戦時代の1986年10月に世界各地の宗教指導者をアッシジに招き、「世界平和の祈りの集い」を開いた。今回の「アッシジ国際平和会議」は、30周年記念に当たる。

主催する聖エジディオ共同体と私の出会いは、赴任1カ月後の5月のことである。妻とともに、聖エジディオ共同体のアルベルト・クワトルッチ氏から本部に招待された。本部は、ローマの下町、トラステベレに位置していた。

クワトルッチ氏によれば、聖エジディオ共同体は、1968年にローマの高校生たちが、カトリックの聖人フランシスコの精神を受け継ぎ、現代社会で福音を実現するべく創設した団体である。

毎年2月には、聖エジディオ共同体創立記念のミサが、ローマの4大聖堂のひとつである聖ジョバンニ・イン・ラテラノ大聖堂で行われる。教皇庁のパロリン国務長官が司式し、枢機卿ほか教皇庁高官も参列する。広々とした大聖堂には数千人が集い、各国の駐バチカン大使も招かれる。さらに毎年のクリスマスには、聖マリア・イン・トラステベレ聖堂いっぱいにホームレスを招き、クリスマスの食事とプレゼントを提供する。ホームレスだけでなく、移民や高齢者などの支援も続けている。

また、聖エジディオ共同体はアフリカの貧困問題にも取り組んでいる。モザンビークの和平交渉にもかかわり、1992年10月にモザンビーク包括和平協定が同本部で調印された。30年近く経ったが、現在もモザンビークの子どもへのサポートを継続している。

クワトルッチ氏は、日本のアフリカ開発会議（TICAD）に強い関心を抱いていて、「ぜひオブザーバーとして参加したい」と申し出を受けた。

私は、聖エジディオ共同体の活動を知るにつれ、彼らはバチカンの別働隊の性格を持っているのではないかと考えるようになった。

聖エジディオ共同体の創始者であるアンドレア・リッカルディ氏は、いまもホームレスや高齢者の支援活動を続けながら、ローマ第三国立大学で現代史の教鞭を執っている。

〈アッシジでの対話を成立させたものは何か〉

彼の著書『対話が世界を変える』（春風社）に宗教や宗派を超え、世界各地の指導者がアッシジに集う意義を自問する箇所がある。

彼は〈すべての宗教を再び結びつけ、カトリック教会を対話の奉仕者とし、金銭ではなく祈りと精神的信念から生まれる宗教の弱い力を際立たせること〉と自ら答えを導き出す。

アッシジで講演する教皇フランシスコ

〈多くの出会いにより人は「苦しんでいるのは自分一人ではない」、「私の宗教だけが宗教のすべてではない」ということを学びます。これは普遍性の体験です。その意味で1986年のアッシジの集会は続けねばなりませんでした。すべての宗教は、その内部に戦争・暴力への誘惑を秘めていますが、他者との遭遇は心の底にある善を外に現してくれます〉

宗教がすべてを解決するわけではない

ということには、私も賛同する。

こうして、1986年10月からアッシジで宗教を超える対話がスタートした。

指導者たちの言葉

「アッシジ国際平和会議」の会場に入ると、すでに10のパネルディスカッションがはじまっていた。私はそのひとつ「平和のための祈り」についての話を聞きたいと考えていた。天台宗の杉谷義純《ぎじゅん》宗機顧問会会長がパネリストとして参加していたからだ。しかし会場が見つからず、ようやくたどり着いたと思ったら、議論が終了してしまっていた。

11時頃に教皇フランシスコが乗ったヘリコプターが到着した。聖フランシスコ教会前で、教皇をお迎えしようと考えたが、町の警備が一気に厳しくなった。教皇のお迎えは諦めた方がよさそうだ。

お昼近くになったので、町で出会った天理教の一行とともに、顔見知りのセネガルの駐バチカン大使を誘って、ホテルで昼食をとった。宗教や国籍、文化を超えての対話だ。

これぞアッシジの醍醐味と考えたが、日本人に突然、囲まれたセネガル大使はさぞかし戸惑ったことだろう。

昼食を終え、私はセネガル大使とともに、聖フランシスコ教会前の「平和の祈り」会場に向かった。5時からはじまる式典に参加するためである。

だが、式典までは時間がある。まだ陽が高く、日差しは極めて強い。熱中症になるのではないかと不安になるほどの暑さである。それでも町のあちこちで世界各地から集結した様々な宗教や宗派による祈りの集いが開かれていた。

陽が少し落ちてきた頃、教皇が会場に入り、厳かに式典がはじまった。世界中から集まった宗教や宗派の指導者たちのスピーチが胸を打つ。

たとえば、聖エジディオ共同体の創始者であるリッカルディ氏の挨拶に、世界各地の人たちがアッシジに集まった意義を再認識させられた。

「貧困の原因は戦争にあります。戦争をこの世界から永久になくしていきましょう。平和は、政治家や専門家や軍人によってもたらされるものではありません。我々は平和を渇望しています。平和は我々の祈りと対話によってもたらされるはずです。我々は、もっと勇気をもって取り組んでいきましょう」

東方正教会のコンスタンティノープル総主教であるバルトロメオ1世の言葉も忘れられない。

「平和は、何にも拘束されない対話によって達成されるはず。平和を渇望するなら、平和に向けて行動しないといけません。宗教間の地道な対話が相互信頼と平和と和解をもたらすと私は信じています。対話は、多様な宗教・文化的背景を持つ人々を孤立から救う大切な手段です。戦争か平和か。結局のところ我々人間の選択になります。すなわち、平和は個人的選択か制度的選択になるのです。

平和には、コミットメントと勇気と犠牲が必要です。それは、我々に対話と文化面の変化を求めるでしょう。だからこそ、宗教・政治のリーダーとともに、市民社会の代表が集い、平和を達成する方法を議論することの意義があるのです」

彼は、対話の必要性と同時に、文化や宗派の違いを乗り越える努力も欠かせないと指摘した。まさにアッシジ集会にふさわしい話だと感じた。

ほかにも、戦禍を逃《のが》れ参加したシリア人女性、イスラム教徒であるインドネシアの代表、ユダヤ教のラビらが順番に話していく。

天台宗の森川宏映《こうえい》座主《ざす》も登壇した。森川座主は、1925年10月22日生まれ。座主とは天台宗の信仰の象徴的存在である。

「91歳でアッシジ集会に参加して、諸宗教のリーダーと祈ることを嬉しく思います。力による平和は、結局、力によって覆されます。憎しみは憎しみによっては解消されず、憎しみを捨てることによってのみ解消されるのです」

宗派を乗り越え、日本から平和のメッセージが発信されたことを嬉しく思う。

教皇が語る「平和への渇望」

そして、教皇フランシスコが、集会のテーマである「Thirst for Peace」――平和への渇望について話す。

「平和を求める巡礼者としてアッシジにきました。私たちは平和を渇望しています。神の贈り物である平和を求めて祈りましょう。現代の最大の病である人々の無関心と闘いましよう。この無関心というウイルスは、気力を失わせ、感受性をなくさせ、我々を麻痺させてしまう。さらに、宗教への熱意を損ない、新たな悲惨な異教徒的考えを蔓延《まんえん》させる。

世界は、心から平和を渇望しています。

でも、たくさんの国において、戦争が人々に苦難をもたらしています。私は、生活が壊された家族、暴力しか知らない子どもたち、故郷を失ったお年寄りのことを思わざるを得ません。彼らも皆、平和を心から渇望しているのです。このような悲劇を忘れてはいけません。戦争に明日はないし、武力による暴力は日常の喜びを壊してしまうからです。

アッシジから発信される平和の叫びは、単なる戦争への抗議ではありません。また、平和は、交渉や政治的妥協や経済的取引の結果でもありません。平和は、祈りの結果なのです」

教皇はアッシジから参加者へ、そして全世界に呼びかける。

「戦争、テロ、暴力はもう終わりにしましょう。人類が渇望している平和を導く水は、プライドや個人的関心や企業利益や武器取引の砂漠から流れてきません。神の名は暴力を正当化するために使うことはできません。戦争ではなく、平和だけが聖なるものなのです。

平和は、赦し。平和は、歓迎。平和は、協力。平和は、教育です。我々の将来は、ともに生きることから生まれてきます。私たちは、不信感や原理主義や憎悪の重荷から解放されて、神への祈りと人々のための行動による平和の作り手になりましょう。

ヨハネ・パウロ2世が30年前に言ったように、平和は専門家や学者や戦略家によって作られるものではなく、全ての人によって作られるものです。平和は、人類が皆で負う責任でもあります。神が望み、人々が渇望する平和の作り手になることを今日再確認し、この責任を全うしましょう」

無関心からでなく、我々自身の行動の先に、平和があるのだ。そう思わせられる力強いメッセージだった。

平和の職人

教皇のスピーチのあと、戦争とテロリズムの犠牲者のために黙禱《もくとう》し、立正佼正会次代会長の庭野光祥《にわのこうしょう》さんが平和宣言を読み上げた。そして、20人ほどの子どもから、リボンで巻かれた平和宣言が各国大使に手渡された。

私もそのひとつを受け取った。平和宣言の要旨を紹介しよう。


異なる宗教を持つ人々が、聖フランチェスコの街に巡礼者として集まった。1986年、教皇ヨハネ・パウロ2世に招待され、諸宗教の代表者が史上初めて集い、平和の信仰の絆を確認した。この歴史的な集会から長い巡礼が始まった。諸宗教の間に信頼関係が築かれ、多くの対立の芽が摘まれた。対話を通じて出会い、いかなる暴力や宗教の名を借りた戦争やテロに反対してきている。このことが、アッシジに集う精神である。しかし、あまりにも多くの人々が戦争により傷つけられている。戦争では、全ての者が敗北者である。

祈りは、世界を守り、世界に光を与える。絶えず平和のために祈ろう。「平和」は、神の名である。神の名を借り、テロリズムや暴力、戦争を正当化する者は、神の道を歩んでいない。宗教戦争は、宗教に対する戦争だ。暴力とテロリズムは、真の宗教的な精神に反することと断言する。

戦争で苦しんでいる兄弟・姉妹の声に耳を傾けた。彼らとともに、大声で「戦争、反対」と叫ぼう。罪のない人々の苦しみの叫びが無視されないようにしなくてはならない。権力や金への欲望、武器商人の強欲、自己利益や復讐という戦争の動機を除去するよう、世界各国の代表者に哀願する。貧困、不正義・不平等、生命の軽視など、対立の原因を取り除く努力をしなくてはならない。

我々が必要としていることに配慮し、協力によって対立を回避し、憎悪を排除し、出会いと対話によって障害を乗り越えるような「真の平和」を構築する責任を果たそう。効果的な対話を続けることに無駄はない。誰もが「平和の職人」になれる。ここアッシジから、神の助けを借り、「平和の職人」になることを約束する。

「アッシジ平和宣言」（原文はイタリア語。立正佼成会仮訳を参考とした）

最後に諸宗教代表者が、キャンドル・サービスを行って、3日間にわたった「諸宗教と文化の対話集会」が閉会した。

立正佼成会との共同プロジェクト

私は聖フランシスコ教会に行き、レセプションに参加した。日本からもたくさんの仏教、神道関係者が参加していた。しかし日本のキリスト教関係者が一人もいない。ここでも日本のキリスト教会とバチカンのかい離を感じずにはいられなかった。

のちの話であるが、教皇庁のアンジェロ・ベッチュー総務長官に、アッシジに日本のカトリック関係者が参加しておらず残念だったと伝えると「『諸宗教と文化の対話』がテーマなので、日本からあえて来なくてもいいのではないか」という答えが返ってきた。私はいまも、この言葉をどう解釈していいのかわからない。

1986年のアッシジには、チベット仏教のダライ・ラマ14世が招かれていた。しかし今回は招待が見送られた。憶測ではあるが、中国との関係を重視した教皇庁の配慮ではないかと言われている。ここにバチカンと中国との難しい関係が投影されている。政治的な要因を感ぜざるを得ないのは、非常に残念だ。

もちろん宗教は、ときとして、戦争や対立の要因になる。しかし、参加した指導者たちは、諸宗教間の対話を通じて平和がもたらされると信じていた。だからこそ、30年以上も、アッシジ国際平和会議が続いてきたのだ。30年という節目の年の参加は、私にとっても大切な体験になった。

アッシジ国際平和会議の2カ月後、聖エジディオ共同体の活動に再び立ち会った。2016年11月、聖エジディオ共同体と日本の立正佼成会が交流協定を締結したのだ。バチカン諸宗教対話評議会のミゲル・アンヘル・アユソ・ギクソット次官（現在は同評議会議長で枢機卿。教皇と来日した）が見守る中、聖エジディオ共同体のマルコ・インパリアッツォ会長と、立正佼成会の庭野光祥次代会長が協定に署名した。これからアフリカへの支援で協力していくという。

調印式のあと、聖マリア・イン・トラステベレ聖堂でミサが開かれた。ミサの後、聖エジディオ共同体との縁を結んでくれたクワトルッチ氏に食事に誘われた。近くにある「Trattoria de Gli Amici」というレストランに入る。スタッフはみな知的障害者だった。感じのよい雰囲気が気に入り、それから何度もこのレストランに通うようになった。

II　スポーツと信仰

「人類に貢献するスポーツ」の会議

２０１６年秋、教皇庁から一通の招待状を受け取った。

差出人は、教皇庁のジャンフランコ・ラバジ文化評議会議長。10月５日から７日に「人類に貢献するスポーツ――信仰とスポーツ第１回国際会議」を開催する。教皇フランシスコも出席する開会式にバチカン駐在の外交団を招待するという内容だった。

バチカンとスポーツ。ピンとこない人も多いかもしれない。

バチカンは人口６００人あまりに過ぎない小国だ。私もオリンピックの開会式で、バチ

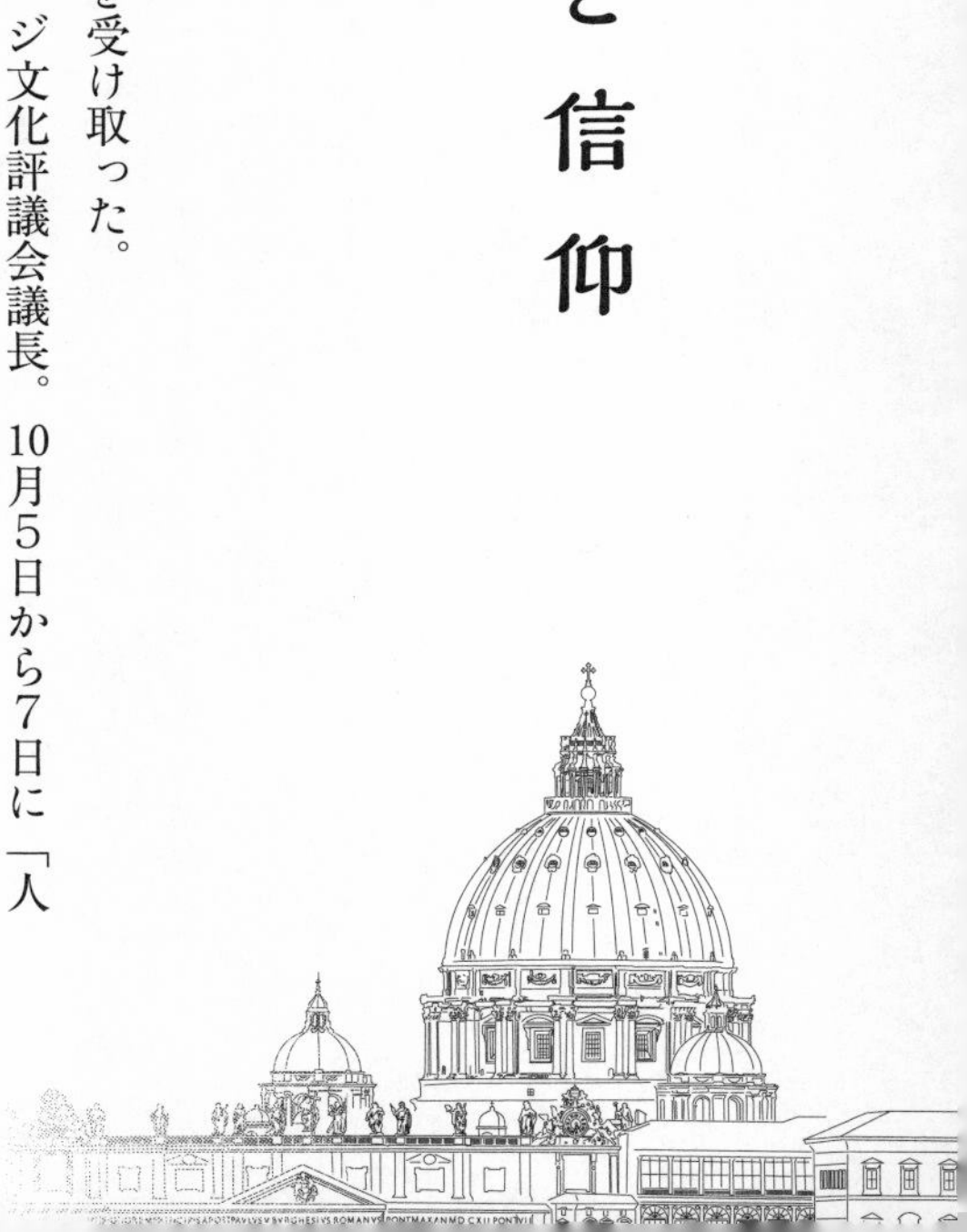

カン選手団の入場行進を見た記憶はない。聖職者のサッカー・チームがあるとは聞いたが、世界のスポーツ大会でバチカンの選手が活躍しているという話は寡聞《かぶん》にして知らない。なぜ、スポーツと縁の薄いバチカンで、スポーツの会議をするのか、すぐには理解できなかった。会議には、世界から著名なスポーツ選手や、スポーツ関連の団体代表者、諸宗教関係者などが参加するらしい。

会議のテーマは「人類に貢献するスポーツ」。

スポーツと信仰がどのような形で、あらゆる人に機会を与え、社会を巻き込んでいくか（社会の包摂性、関連性、創造性）について議論するようだ。2020年にオリンピック・パラリンピックを開催する日本の存在感を示すチャンスである。

早速、東京オリンピック・パラリンピック組織委員会の森喜朗《よしろう》会長（当時）に出席を要請するメールをした。すぐに秘書の方から返信が届いた。森会長は、所用で出席できない、また日本からは誰も参加する予定はない、という。

これはまずい、と思った。そうでなくても、日頃からバチカンにおける日本の影響力の低さを痛感しているのに、世界的なスポーツの会議にオリンピック・パラリンピック開催を控えた日本からの出席ゼロでは、存在感がますます薄くなってしまう。

思い切って森会長に電話して「私を森会長の代理で出席させてほしい」とお願いした。すると、快く承諾していただいた。日本側から教皇庁のラバジ議長に連絡してもらい、晴れて代理出席が決まった。

スポーツを通じて日常を

会議がはじまる前にインフォメーションセンターで、受け取った資料を読み、会議を開いたバチカン教皇庁の意図が明確にわかった。

「スポーツを通じて国と国との争い事の原因を少しでも減らしたい。さらに戦争で犠牲になった子どもたちにスポーツを通じて日常を少しでも取り戻させたい」

スポーツ関係者や団体、さらには世界的なスポーツ選手、諸宗教の代表者の間で、そうした共通認識を持とうというのだ。

10月5日午後3時過ぎ。開会式が教皇庁内のサン・ピエトロ大聖堂の隣のパウロ6世ホールで始まった。

顔なじみの他国の大使が私に、「大使席はそこではなく会場の左側だよ」と教えてくれる。今日の私は、ふだんのように外交団の一員として出席するのではない。「いや、今日は会議参加者の一員なので右側の席なんです」と若干の優越感に浸りながら答えた。

イタリアの放送局ＲＡＩの女性キャスターがイタリア語で進行する開会式では、ダンス、新体操などのパフォーマンスが披露された。

その後、3日にわたり、会議は続いた。印象に残った参加者の発言を紹介していきたい。

ＩＯＣ（国際オリンピック委員会）のトーマス・バッハ会長は、「スポーツは、世界共通の言葉」という教皇フランシスコの言葉の引用しつつ、次のように語った。

「スポーツは、平和と連帯の重要性を教え、平等の達成と差別の排除により、世界平和と連帯の実現に貢献する。リオデジャネイロ・オリンピックで最初の難民選手団が結成されたのは連帯を示した好例である」

会議の主役ともいえる教皇フランシスコは、開会式の最後に登場し、スポーツ界の腐敗と不正行為の根絶を呼びかけた。

「『人類に貢献するスポーツ』という国際会議に参加されているスポーツ代表者と、宗教代表者を歓迎します。スポーツは、人生を豊かにし、それぞれの国、それぞれの民族、それぞれの宗教の人々によって楽しまれています。オリンピックのモットーである〝より速く、より高く、より強く〟（Citius, Altius, Fortius）は、神が我々に与えた能力をさらに向上させる行為です。

ベストを尽くす選手を見ると、スポーツが我々に熱狂と驚異と誇りをもたらしてくれているように思います。そこに、協調とチームワークの素晴らしさを見出します。スポーツは、身体能力を向上させるばかりでなく、精神面にも良い影響を及ぼし、神秘的でもあります。スポーツは、記録だけのものでなく、楽しみであり、アマチュアのためのものであり、レクリエーションです。さらに、健康を促進し、生活水準を向上させます。

また、己の力を知り、勝ち負けを経験させてくれます。そこにスポーツに参加する意義があります。スポーツは、国や民族や宗教など関係なく全ての人が参加できます。諸宗教は、人間の尊厳を大切にしています。パラリンピックやスペシャルオリンピックスは、障害を持っている選手への理解と賞賛を引き出すものになりました。

これからは恵まれない子どもたちがスポーツに参加する機会を持てるよう、努めなければなりません。スポーツ選手が正々堂々と競技し、不正行為が起こらないようにしなければなりません。真のスポーツは、アマチュアであることを忘れてはなりません」

教皇フランシスコは、ＩＯＣが包摂性《インクルージョン》という価値観を重視していることにも言及した。人生においても、スポーツと同様に挑戦することが重要なのだ、と。

スポーツは国境を越えて

会議２日目。記憶に残るのは、宗教指導者の言葉である。

ユダヤ教の指導者は言う。

「より良い世界に向けて対話が重要である。小さな一歩を踏み出そう。共通のゴールに向かって一緒に進む。それをスポーツが可能にするはずだ」

イスラム教の指導者の「シリア、イラクに平和を。隣人を愛し、敵をなくそう」という訴えは、混迷が続くシリア、イラク情勢に改めて思いを馳せるきっかけになった。

主催者であるラバジ文化評議会議長は「スポーツは、人々を一つにする」と挨拶した。ユダヤ教、イスラム教、そして、カトリック……。宗教や宗派は違えど、願いは同じである。宗教、宗派、言語、文化を超えるために、スポーツがもっとも有効な手段なのではないか。彼らの言葉を聞きながら、そう確信した。

それはスポーツ関係者も同じだった。イギリスのプロサッカークラブであるアーセナルFCのイヴァン・ガジディスCEO（現在はミランのCEO）はこう胸を張る。

「アーセナルには、一切の偏見はなく、まさにインクルージョンのクラブだ。クラブの長い歴史のなかで、たくさんのアフリカ出身の選手の人生を変えることもできた」

知的障害や発達障害などを持つ人の自立や社会参加を目的として組織されたスペシャルオリンピックスの委員は言う。

「障害があったせいで、子どもの頃から、教会からも疎外されてきました。でもスポーツと出会ってから私はパワーと喜びを与えられた。社会の一員として迎えてくれた」

女子マラソンの世界記録保持者でケニア出身のテグラ・ロルーペ氏は「スポーツは私を自由にしてくれた。実は、私は子どもの頃、シスターになりたかった。リオ・オリンピックで難民チームを組織したのは、まさに神の啓示だった」

ロルーペ氏はリオに続き、東京五輪でも難民チームの団長を務めた。

またUNHCR（国連難民高等弁務官事務所）の南ヨーロッパの地域代表を務めるステファン・ジャケメット氏は「スポーツが、難民の地域社会への融合の重要な手段であり、失われた難民の生活を再建する手段にもなる」と指摘した。

岡倉天心の思い

アスリート、宗教家、スポーツビジネスにたずさわる人たち……。参加者は様々な背景を持つが、思いは共通していた。

スポーツが持つ包摂性、関連性、創造性のもと、民族、性別、宗教、身体的・知的な障害などで差別せず、みな社会に参加し、前に向かって進む。そして、アスリートに求められる役割は、子どもたちの模範として振る舞うこと。民間企業は、スポーツを通じての社会貢献（CSR）で、資金面、人的協力を続けること……。

やはり人種、宗教、文化を超えて、スポーツが果たすべき役割を改めて感じた。

ラバジ議長の閉会の挨拶も印象的だった。岡倉天心を引用し、彼はこう話した。

「1906年の『茶の本』で、岡倉天心は『人間が動物的欲望を超えた時に、真の人間になった』と著している。人間が動物を超えた時に、美術やスポーツや宗教が芽生えたのだ」

彼は、岡倉天心の言葉を用いて、戦争や差別、社会問題を乗り越えられる人間の精神性、スポーツの可能性を強調した。バチカンでは日本の影響力の薄さを日々、感じていたが、ラバジ議長の口から「岡倉天心」の名が出たことはうれしい驚きだった。岡倉は明治時代の美術史家で、日本美術を海外に紹介した功労者である。

日本ではほとんど知られていないであろう「人類に貢献するスポーツ」会議のことを、こうして読者の方々に提供でき、私も会議に出席した甲斐があったと感じる。

開会式のあと、バチカン美術館で、参加者の夕食会が開かれた。さすが「人類に貢献するスポーツ」会議である。著名なスポーツ選手もたくさん参加していた。イタリアのサッカー選手であるデル・ピエロの姿もあった。私は、彼にお願いして、ツーショットの写真を撮影させてもらった。

12 日本バチカン国交樹立75周年

「もう一度訪問したい」

２０１７年、日本とバチカンが国交を結んでから75年を迎えた。にもかかわらず、大使赴任以来、私はバチカンにおける日本の存在感の小ささに驚き、かつ落胆していた。

だが、関係性をもっと深められるのではないか、と手応えを感じた出来事がある。教皇フランシスコへの信任状捧呈式のときのことだ。教皇からこんな話を伺ったのだ。

「私は、若いときに宣教師として日本を訪問したいという希望を持っていました。これまで一度、日本を訪れた経験はあるが、もう一度、訪問したいと考えているのです」

日本にキリスト教をもたらしたのは、イエズス会を創設した同志のひとりである聖フランシスコ・ザビエルである。教皇フランシスコは、イエズス会士として、470年前に来日した宣教師たちの遺志を継ぎたいと考えていたのであろう。

私には、教皇フランシスコの思いが痛いほどわかる気がした。そして、強い使命感に襲われた。日本との縁が深いイエズス会出身の教皇をいただいている今こそ、日本からのメッセージをバチカンに伝え、教皇の訪日の準備を進めなければ、と。

安倍晋三元総理は、世界におけるバチカンの影響を認識されていた。バチカン大使の辞令を受けたとき「全世界に13億人以上いるカトリック信者の情報網は卓越している」と話されていた。バチカンの重要性への指摘に、身が引き締まる思いがした。

とはいえ、残念ながら、日本の外務省におけるバチカン市国の位置づけは決して高くはない。

日本とバチカンの国交が樹立されたのが、太平洋戦争勃発翌年の1942年6月だということは前述した。国交樹立にいたるまでの道筋や背景についてはあまり知られていない。

日本で、バチカン市国の存在感を強めることは、大使として赴任する私の働きにかかっていると感じずにはいられなかった。

しかも私が、辞令を受けた翌年の２０１７年は、国交樹立75周年にあたる。

実は、日本とバチカンは、５年単位の周年行事は行っていなかった。中国などの国とは5年ごとの周年事業を行っている。現に、２００７年には、私は御手洗冨士夫経団連会長のもと行われた、日中国交正常化35周年事業に参加した経験もある。

バチカンは、15世紀以降、25年ごとにカトリックの信徒がローマを巡礼して祈りをささげる聖年をもうけてきた。

日本バチカン国交樹立75周年事業を行う意義は大きい。日本からバチカンへ向け、これまでにないメッセージになると考えた。

バチカン勧進能

バチカン大使就任後、はじめて一時帰国したのは、２０１６年11月末のことだった。声をかけた、いくつかの企業は75周年事業への協力を約束してくれた。

そして、２０１７年1月に、第1回日本バチカン国交樹立75周年記念事業委員会を開催した。岩本敏男ＮＴＴデータ社長に委員長をお受けいただいた。ＮＴＴデータは、バチカンに遺された手書き文書のデジタル化を進めている。バチカンとのゆかりが深い企業である。

２０１７年10月の国交樹立75周年記念ミサに向け、バチカンの人たちに、日本と日本文化を知ってもらうために様々なイベントを行った。

３月は、大使公邸でお茶会を催した。裏千家ローマ出張所駐在講師の野尻命子さんが茶道のデモンストレーションを披露し、このためにバチカンを訪れた第14代中里太郎右衛門氏が手がけた「唐津焼」名作茶器を使って、招待した教皇庁高官やカトリック関係者、駐バチカン各国大使ら約１００人に茶の湯を体験していただいた。茶道はイタリアでも関心が高く、裏千家のローマ出張所では月２回お茶会を開催している。お茶の効能も注目されている。

６月は、能楽公演である。５００年の歴史を持つカンチェレリア宮殿に特設舞台をつくり、宝生《ほうしょう》流と金剛《こんごう》流による「バチカン勧進能」が上演された。バチカンでの本格的な公演は、1984年に教皇ヨハネ・パウロ2世の前で演じられた「羽衣《はごろも》」(金剛流)以来である。

公演の前日に大使公邸で開いた記者会見で、金剛龍謹《たつのり》氏の祖父が1984年に教皇ヨハネ・パウロ2世の前で「羽衣」を演じたことが紹介された。

また、宝生流宗家の宝生和英《かずふさ》氏が「バチカン勧進能」の目的を説明された。

「能装束の文様は古代ローマなど西洋由来のものもあります。これは能楽が様々な宗教文化を受け入れながら、発展してきた証《あかし》なのです。日本は古来、様々な文化、そして信仰を理解し合い共存してきましたが、これはまさに現代の世界の課題であり、次の時代への挑戦でもあるのです。日本とバチカンの国交樹立75周年を記念した『バチカン勧進能』を通じて、相互理解の精神を世界に発信したいと思います」

「バチカン勧進能」の演目は、「翁《おきな》」(宝生流)、「羽衣」(金剛流)、「復活のキリスト」(宝生流)だった。なかでも「復活のキリスト」は幻の演目とも称される。

イエズス会のドイツ人宣教師にして劇作家で、上智大学学長でもあったヘルマン・ホイヴェルス神父の原作で、1957年に第17代宝生九郎氏の演出により、宝生能楽堂ではじめて演じられた。しかし1963年の再演が最後となっていた。

カンチェレリア宮殿では、公演だけでなく、ヴェネツィア大学のブォナヴェントゥーラ・ルペルティ教授による各演目についてのレクチャーや、能楽の持つ芸術的特色、日本文化に及ぼした影響などをわかりやすく解説した展示なども行われた。

6月23日、24日の2日にわたって行われた「バチカン勧進能」を、教皇庁関係者や各国大使などの招待客だけでなく、たくさんのローマ市民が鑑賞した。

大聖堂で復興ソング

そして10月11日に、カトリック中央協議会による日本バチカン国交樹立75周年記念のミサが、ジェズ教会で行われた。同教会は、日本にキリスト教を伝えたフランシスコ・ザビエルの右腕が安置されており、日本とも縁が深い。

ミサは、パロリン国務長官が司式され、枢機卿も典礼に参加した。参列者は500人を超えた。加えて、サン・ピエトロ大聖堂聖歌隊に東日本大震災復興支援ソング「花は咲く」を日本語で歌っていただいた。その模様が翌日のNHKニュースで放映され、日本からも大きな反響が届いた。

その後、大使公邸で催されたレセプションでは、電子ピアノの伴奏でオペラ歌手による両国国歌が歌われた。サン・ピエトロ大聖堂管理責任者でもあるコマストリ枢機卿、前田万葉カトリック中央協議会副会長（後に枢機卿）による鏡割りで75周年を祝った。

75周年記念レセプションでは、思わぬ喜びがあった。

レセプションには、ギャラガー外務長官、コマストリ枢機卿、ラファレ・ファリーナ枢機卿（バチカン図書館名誉館長）、外交団、バチカニスト、日本カトリック関係者ら約260人が出席した。その中にミサの司式をお願いしたパロリン国務長官の顔があったのだ。国務長官が国別のレセプションに顔を出すことはまずない。私は驚いた各国の大使から「どうやって招待したのか」と質問攻めにあった。

パロリン国務長官の出席は、これまでバチカン教皇庁の各所に日本の存在を働きかけてきた成果といえるだろう。

レセプションでは、NTTデータ、キヤノン、トヨタ自動車、三井不動産、日立製作所、三越伊勢丹、凸版印刷の7社の展示が行われ、キヤノンは参加者の写真を撮り、その場で現像し、渡してくれた。大いに喜ばれた。

その翌日、グレゴリアン大学の講堂で、75周年記念シンポジウムを開催した。1551年にイエズス会によって創設されたグレゴリアン大学は、世界最大規模の神学部を持つ教皇庁立大学である。由緒ある大学で行った記念シンポジウムはバチカンの人々の注目を集めた。

日本バチカン国交樹立75周年記念ミサとシンポジウムを、「バチカン放送局」（2017年10月13日）は、次のように報じてくれた。少し長くなるが、バチカンにおける日本への関心の高まりが感じられるので紹介したい。

日本とバチカンの間に完全な外交関係が成立したのは1942年のこと。今年はそれから75年の節目を迎える。（略）

10月11日、ローマ市内のジェズ教会においてミサがとり行われた。（略）

ミサを司式したパロリン枢機卿は、その説教で、ザビエルの宣教に始まる日本とカトリック教会との交流、天正遣欧少年使節など日本からのローマ訪問、その直後に長く続

いたキリスト教禁教の時代を振り返りつつ、その中でも連綿と受け継がれた信仰、殉教者たちの精神に目を注いだ。（略）

翌10月12日には、ローマの教皇庁立グレゴリアン大学で、日本・バチカン国交樹立75周年を機としたシンポジウムが開かれた。

このシンポジウムの開催に当たり、グレゴリアン大学のヌノ・ダ・シルバ・ゴンサルベス学長、中村芳夫駐バチカン日本大使、バチカン外務局長ポール・リチャード・ギャラガー大司教が挨拶を述べた。

続くシンポジウムでは、グレゴリアン大学教会法学部長・菅原裕二神父の司会によって、上智大学文学部史学科教授・川村信三神父の「東洋の奇跡の歴史」、グレゴリアン大学教会史学部教授・デリオ・メンドンサ神父の「教皇庁と日本の関係の始まり」、ボア・ノヴァ宣教会・アデリーノ・アシェンソ神父の「遠藤周作と西洋と東洋の教会、『沈黙』における葛藤と和解」をテーマとした発表が行なわれた。

参加者らは日本の教会史、そこに息づく様々な日本の文化と精神に興味深く聞き入っていた。

教皇庁の公式放送局である「バチカン放送局」がここまで日本について、詳しく報じたのははじめてだったのではないかと思う。

私はミサやシンポジウムを振り返り、日本とバチカンの75年の関係、いや、それ以前からのつながりに思いを馳せた。

平和のメッセンジャー

75年周年記念事業はこれだけでは終わらない。

11月に、聖イグナチオ・デ・ロヨラ教会で、200人の招待客を前に、作曲家の三枝成《しげ》彰《あき》氏率いる六本木男声合唱団が、平和への思いを込めた曲を披露してくれた。日本の反戦への思いが伝わるすばらしい歌声に、たくさんのバチカン関係者やローマ市民が耳を傾けた。

さらに翌日には、サン・ピエトロ大聖堂の「司教座の祭壇」で、コマストリ枢機卿司式のもと執り行われた75周年を記念するミサにも、六本木男声合唱団が参列し、三枝氏作曲の「レクイエム」を歌い上げた。

そのほか、75周年の一環として、在バチカン日本大使館は、フィレンツェの日伊文化交流会によるコンサート、ジェズ教会で行われた東京オペラ協会のオペラ「高山右近　至福の王者」、人間文化研究機構の研究集会「バチカン図書館所蔵切支丹関係文書群の魅力を探る」などの文化交流事業も後援した。

そして12月下旬。日本の中高生や、その世代の青少年から選ばれた親善大使がバチカンに到着した。彼らは日本とバチカンの架け橋となる平和のメッセンジャーである。

彼らの訪バチカンに先立つこと6カ月前。日本で、平和への思いや願いを綴る作文コンクールが行われた。作文のテーマは、教皇フランシスコの第50回「2017年世界平和の日メッセージ」の感想だ。200を超える応募作のなかから優秀作に残った4名の青少年を、バチカンに招いたのである。

ここに改めて、4人の名前と作品のテーマを紹介したい。
・重政優（私立盈進《えいしん》学園高等学校2年／広島）

「主とともに～核廃絶、私の責任～」
・加藤甫（青森県立弘前《ひろさき》高等学校2年／青森）
「小さな平和」
・石井麟太郎（私立六甲学院高等学校2年／兵庫）
「隣人から世界平和へ」
・戸川馨（私立田園調布雙葉《ふたば》高等学校3年／東京）
「『祈り』が世界を平和にする」

教皇の一般謁見に参列した4人のうち、広島で暮らす重政さんが核廃絶に向けた取り組みを教皇フランシスコに説明し、広島訪問を呼びかけた。最後に4人は自分たちが書いた作文のイタリア語訳を手渡し、改めて反戦、平和へのお願いを伝えたのだった。

日本バチカン国交樹立75周年を記念して、若い世代にもバチカンの世界平和実現への働きかけの理解を深めてもらうことを目的に、この作文コンクールを企画した。ここに200人を超える応募者があったことに、企画の意義があり、目的は達成されたと思っている。

75周年記念事業の有終の美を飾ったのは、ＪＡグループ京都主催によるバチカン美術館での晩餐会である。

ＪＡグループ京都の中川泰宏会長は、衆議院議員、京都府船井郡八木町長などを歴任し、現在は農業や酪農、畜産にかかわりながら、健康と食の安心、安全を探求する方である。中川会長は、京野菜や京都の和牛肉の魅力を海外に発信するために、これまでフランスのベルサイユ宮殿、トルコのトプカプ宮殿、中国の宋慶齢《そうけいれい》故居《こきょ》、ロシアのペトロフスキー宮殿、イギリスのハンプトンコート宮殿で晩餐会を開いてきた。

75周年を記念して、バチカンでも京野菜の晩餐会を開いてもらうことをお願いした。

２０１８年5月、バチカン美術館の展示室の一つで、貴重な彫刻が並んでいる広間を借り切り、大晩餐会が行われた。教皇庁から、6名の枢機卿のほか、高官が出席、さらに40カ国以上の外交団も招かれた。約３００人の来賓に腕を振るったのは、京都の料亭、美濃吉本店竹茂楼《たけしげろう》の佐竹洋治総料理長。テーブルには、九条ねぎ、賀茂なす、万願寺唐辛子に、京都の牛肉を使った料理が並んだ。

参加された枢機卿は、「肉も野菜も非常に美味しかった」「礼状を是非書きたい」「あのような晩餐会を通じてお互いの文化を知ることができ非常に良かった」と口々に賞賛した。

私は京野菜・京和牛晩餐会が日本の食文化の紹介に留まらず、バチカンにおける日本の存在感を強めた機会になったと確信している。

後日談だが、バチカン美術館幹部から、こんな話を聞いた。

京野菜の晩餐会

美術館の職員が、バチカン外交団から「京野菜晩餐会のような食事会を催したいのだが……」と相談を受けたそうだ。しかしまだ実現にはいたっていない。きっと京野菜の味、料理人の腕、そして和食の繊細さを超えるようなもてなしが困難なのであろう。

こうして振り返ってみると、たくさんの人たちの協力があってこそ、75周年事業が成功したと改めて感じる。なによりも、これを契機にバチカン内で高まった日本の存在感が、教皇フランシスコ訪日の背中を押したように思うのである。

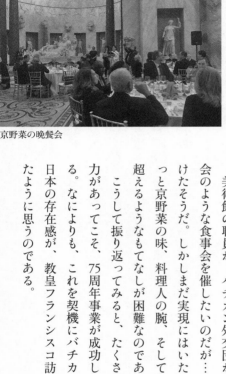

13 教皇フランシスコの訪日

ビッグニュース

２０１８年9月12日、ビッグニュースが飛びこんできた。

「来年、日本を訪問したいと思っています」

教皇フランシスコはイエズス会日本管区管区長のレンゾ・デ・ルカ神父にバチカン内で面会した時にこう伝えた。レンゾ・デ・ルカ神父は「天正遣欧使節顕彰会」一行をつれて、教皇フランシスコに謁見していた。その席で訪日の意向が明らかになった。

前日、私はレンゾ・デ・ルカ神父を公邸に招き、夕食をともにした。その折、明日、教

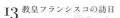

皇に面会される時、訪日を要請してくださいと頼んだ。しかし、その前に教皇自ら、訪日の意向を口にされたのだ。

レンゾ・デ・ルカ神父は、アルゼンチン時代、ホルヘ・マリオ・ベルゴリオ修練院長のもとで学んでいた。ホルヘ・マリオ・ベルゴリオ――そう、いまの教皇フランシスコである。

二人は師弟関係にあった。1985年、21歳のレンゾ・デ・ルカ神父は、ベルゴリオ院長から日本行きを命じられたという。教皇フランシスコは、日本訪問を、かつての教え子に直接伝えたかったのだろう。

教皇は、個人的に日本に強い愛着を持っておられる。

アルゼンチンの神学校で学んでいる時、教皇は日本での宣教の希望を持ち、当時のイエズス会ペドロ・アルペ総長に日本への渡航許可を求めたという。しかし、健康上の理由でそれは叶わなかった。それが今回、実現することになった。

これまで私は、教皇にお目にかかるたびに訪日を要請してきたが、実現への道がついに開かれた。

いま振り返ると、その前触れは、確かにあった。一葉の写真がある。撮影者は、アメリカ人のジョー・オダネル氏。終戦直後に長崎と広島の原爆投下後の状況を撮影したカメラマンだ。彼の代表作が「焼き場に立つ少年」である。

「焼き場に立つ少年」

小学生ほどの少年が視線をまっすぐに向け、気をつけのような姿勢で直立している。背負われている幼児は、目を閉じてぐったりと首を垂れている。実は、幼児は少年の弟で、すでに死んでおり、少年は火葬の順番を待っているところにレンズを向けられたという。撮影地は、長崎と考えられている。

2017年末、教皇フランシスコが「焼き場に立つ少年」を印刷したカードに〈戦争がもたらすもの〉という言葉に

Francesco と小さなサインを添え、教皇庁の主要な人たちと、世界の教会に配布していた。核兵器反対と長崎、広島への訪問。教皇の強い意思が感じ取れた。

「A big year ahead」

2017年末、教皇庁高官から届いたクリスマス・カードに、そう記されていた。「焼き場に立つ少年」に加えて、高官からのクリスマス・カードに教皇訪日の機運の高まりを感じた。

翌2018年1月8日、新年恒例の外交団に対する謁見で、私は、教皇に「ぜひ長崎、広島を訪問し、核なき平和実現の祈りを捧げていただきたい」といつものようにお願いした。

これまでと違う手応えを感じたのは、謁見の後のことである。拝謁が終わると、教皇と外交団との記念撮影を行う。撮影場所のシスティーナ礼拝堂に向かう途中、教皇庁の高官に新年の挨拶をすると、彼は「今年は日本にとりBig Yearになる」と私に耳打ちをした。

教皇訪日の準備

２０１８年は、教皇訪日の雰囲気が徐々に高まっていった。

バチカンでは毎週日曜日、サン・ピエトロ大聖堂前の広場で、正午の祈りが捧げられる。5月20日、集まった聴衆に教皇は、14人の枢機卿を新たに任命すると告げられた。14人のなかにカトリック大阪大司教区の前田万葉大司教もいた。９年振りに日本からの枢機卿誕生となった。

9月3日、ジョセフ・チェノットゥ駐日バチカン大使がバチカンに内々に帰国し、教皇に謁見している。

そして9月12日の「天正遣欧使節顕彰会」との謁見において、教皇フランシスコが自ら訪日の意向を明らかにした。

しかし、である。公式発表がなかなか出てこない。対外的には教皇フランシスコが訪日の意向を示してから、状況が停滞しているようにも見えたかもしれない。そんななか、いつ公式に教皇訪日が発表されてもいいように、私は教皇庁を通じて調整を続け、準備を進めていた。

２０１９年に入ると、私は教皇庁の教皇外国訪問担当課長らを大使公邸に招き、昼食をとりながら訪日にあたっての打ち合わせをした。

担当課長は、教皇が訪日する前に、先遣隊として日本に向かう。彼にしてみたら教皇は招かれて日本に足を運ぶのだから、バチカン側の要求を最大限に聞いてほしいと、かなり強硬な姿勢で、受け入れ先となる日本の外務省とやり取りしていたようだ。折衝が思い通りに進まず、朝晩の時間を問わず、私のもとにメールを送ってきた。

日本は６度も先進国サミットのホスト国となっており、かつ主要国の首脳を何度も受け入れた実績と経験がある。担当課長にバチカン側の要望を伝えるだけではなく、日本側の言い分を聞くように、何度も説得した。

バチカンの成り立ちの影響か、カトリックの総本山のプライドからか、教皇庁の関係者の多くはバチカン至上主義と形容できるような意識を持っている。バチカン至上主義には、駐在中、何度も悩まされた。

不本意なプレスリリース

２０１９年８月には、教皇の警護とプレスの担当者が事前の下見をするために、来日した。偶然、一時帰国していた私も、下見に同行した。皇居、官邸、教皇ミサの会場になる東京ドーム、教皇が宿泊する予定の在日バチカン大使館、随行者が宿泊するホテルなどを視察した。

視察中のバチカン警察のドメニコ・ジアーニ長官に日本で食べたいものはあるかと聞くと、「日本のビーフを食べたい」と所望された。古巣の経団連会館のレストランに案内した。彼は、イタリアの肉とは違って、軟らかい日本のビーフの食感とおいしさに素直に驚いていた様子だった。

ジアーニ長官とは、ふだんからとても親しく付き合わせてもらった。親交のきっかけは彼の子息だ。子息は私の母校でもあるジョージタウン大学に在学している。長官を公邸に招いたとき、彼の子息とテレビ電話で話して、意気投合したのだ。

ジアーニ長官と親しくなってから、若い警察官や、警察とともにバチカンを守るスイス衛兵の若手兵士を公邸に頻繁に招待した。彼らと顔見知りになると、バチカンで会う度に笑顔を返してくれるようになった。ジアーニ長官との付き合うなかで、現場で働く人たちとのコミュニケーションは大切だと改めて実感した。大使として、バチカンでの行動がよりスムーズになったと感じるのだ。

ジアーニ長官は、教皇訪日前に退任し、教皇に同行はできなかった。視察で和牛に舌鼓を打つ満足そうな表情は忘れられない。

こうして事前の視察は順調に終わったが、まだ教皇訪日の公式発表はなかった。通常、教皇の外国訪問では、最低でも2カ国を歴訪する。しかし、日本のほかにどの国を訪問するか決まっていなかったようだ。

2019年9月13日午前9時。ついに教皇庁のホームページに、正式に教皇の訪日が発表された。日本の滞在は、タイ訪問後の11月23日から26日までとなった。

念願の教皇訪日が決まったにもかかわらず、私は安堵したとはいいがたかった。訪日までの2カ月で、各方面との調整や、乗り越えなければならない課題がいくつも残っていたからだ。ここからが外交上の勝負である。

試練は早々に訪れた。公式発表直後、教皇庁から発出されたプレスリリースには驚いた。教皇来日のテーマの中に次の一文があった。

〈今日の日本にも、いのちと平和に関する諸問題が山積しています〉

各国とも問題を抱えているし、日本も様々な問題を抱えていることは否定しない。しかし訪日の公式発表直後のメッセージである。日本に対して、ネガティブなイメージがついてしまうのではないかと危惧した。

この中で特に奇異に感じたのが、経済、環境、近隣諸国との関係で問題があるとの表現だった。このような認識のもと、教皇が日本で説教や話をされたらどうなるだろうか。教皇の来日を楽しみにしている日本の信徒が肩を落とすに違いない。

なによりも私は、広島や長崎で平和を祈り、東日本大震災の被災者に寄り添い、そして江戸時代の弾圧により、殉教したキリシタンに黙禱《もくとう》を捧げたい、という教皇フランシスコの純粋な思いをたくさんの人に知ってほしかったのである。

私はすぐに、広報省長官、報道局長に面会して、日本の経済、環境、対外関係の現状を説明した。経済では、2013年から2018年まで平均1・17%の成長をし、雇用も384万人増え、失業率は4・3%から2・2%へ低下している。また、世界における日本の温室効果ガスの排出量は3・4%(2017年)と先進国でも低い水準であることや、近隣諸国との関係では、いまだ緊張関係にある朝鮮半島情勢のなか日本の置かれた立場を説明した。

何故このような文章が出されたかを彼らに問いただした。日本のカトリック中央協議会の文書をそのまま転載したという答えだった。私は、改めて正しい事実に基づき、教皇が日本でお話をされるよう、強く要請した。

トヨタ製パパモビル

カトリックならではの問題も生じた。

日本では、東京と長崎で教皇司式のミサが予定されていた。しかし日本にはパパモビルがない。

パパモビルとは、ローマ教皇がミサなどで使用する謁見用車両だ。日本には１台もないために、新たに用意する必要があった。

とはいえ、どんな自動車でもいいわけではない。とくに教皇フランシスコは、２０１５年に回勅「ラウダート・シ」で強調したように地球環境問題に深い関心を持っている。安全上の基準をクリアするだけでなく、環境にも配慮した自動車を選ばなければならなかったのだ。

ローマの南、カステルガンドルフォに展示されているトヨタ製パパモビル

もっともふさわしい国産車はなにか。

私たちは、トヨタ自動車の「ＭＩＲＡＩ」に注目した。２０１４年に発売されたＭＩＲＡＩは、水素燃料電池システムを搭載した世界初の量産セダンである。大気汚染物質や温室効果ガスを含む排気ガスを排出しない究極のゼロエミッショ

ン車と呼ばれ、水素燃料から発電して水だけを放出しながら500キロメートルの走行が可能だ。幸いにもトヨタ自動車は、MIRAIの提供を快諾してくれた。

ただ教皇庁の担当者やバチカン警察庁長官が懸念を示した。清貧をモットーとする教皇は高価なパパモビルを好まない、というのである。

MIRAIは、700万円から800万円ほどで市販されている高級車である。しかし、MIRAIは「ラウダート・シ」の理念に合う環境への配慮を考え、開発された自動車だと説得した。

そうした交渉の末、日本でのパパモビルはMIRAIの改造車に決まった。

羽田空港に降り立った教皇

当時の日記をもとに、教皇の日本滞在を振り返ってみたい。

2019年11月23日17時40分。バンコクからの航空機が羽田空港に着陸した。雨が降り、強い風が吹いている。そんな悪天候のなか、教皇はタラップをゆっくりと下りてきた。バチカンなどではいつも介添えの側近がついているが、この日はひとりである。

日本政府を代表して教皇を迎えたのが、カトリック信徒である麻生太郎副総理・財務大臣である。麻生副総理の次に、私も教皇に握手をしながら「Santo Padre! Sono onorato il Benvenoto!」（教皇聖下！　お迎えでき光栄です）と挨拶した。

「あなたのことはちゃんと知っていますよ」と教皇は、一言だけ応えてくださった。

その後、車列を組み、在日バチカン大使館へ。到着早々、日本の司教団との会合に出席した教皇は、こう語った。

「わたしは若い時から日本に共感と愛着を抱いてきました。日本への宣教の望みを覚えてから長い時間が経ち、ようやく実現しました」

教皇の日本への思いがしっかりと伝わってくるスピーチだった。

翌11月24日、私は4時30分前に起床した。あいにく外は雨模様。この日は広島・長崎への訪問が予定されている。

6時前にバチカン大使館に行くと、バチカンの訪日担当課長が、文句がありそうな態度で、こちらを見てきた。

話を聞くと、教皇の車列に、我々日本側が加わることが気に入らないようだ。これまでほかの国ではそのような例はなかったと抗議を受けた。いつものバチカン至上主義か。そう思いつつも車列に加わり、羽田空港へ向かった。

飛行機は予定の7時20分を過ぎてから離陸した。機内では、教皇庁の典礼担当者が私の席までわざわざきてくれて「教皇をはじめ、みな訪日に満足している」と挨拶にきた。

この日は、とてもタイトなスケジュールが組まれていた。

教皇は、長崎市の爆心地公園でスピーチをしたあと、殉教者の碑が建立された西坂《にしざか》公園で祈りを捧げる。その後、ミサを執り行い、その足で飛行機に乗り、広島へ。広島平和記念公園で「平和のための集い」に参加し、飛行機で帰京する……。

長崎空港には、予定通り9時20分に到着した。長崎も雨だった。かなり激しく降っていた。大村市の市街地には、雨合羽をまとったたくさんの人たちが、日本、バチカン、そして教皇フランシスコが生まれ育ったアルゼンチンの小旗を振り、大歓迎している。大村市から長崎市に入る。激しい雨にもかかわらず、人々の熱心な歓迎は変わらない。

2018年6月、「長崎と天草地方の潜伏キリシタン関連遺産」がユネスコ世界遺産に登録された。長崎は、江戸幕府による250年間もの禁教令下における厳しい弾圧にも負けず、宣教師がいないなか、信徒のみで信仰を守り通した地域である。長崎の人たちは教皇ヨハネ・パウロ2世の長崎訪問以来、長い間、教皇の訪問を待ち望んでいた。そう思わせる風景だった。

長崎でのスピーチ

10時15分、爆心地公園で教皇の核兵器に関するスピーチがはじまった。雨脚は弱まらない。我々にもテントが準備されていたが、足元には水溜まりができていた。私はテントを出て、雨のなか教皇の話に耳を傾けた。

平和を望む教皇の思いが伝わるので、ここに全文を転載したい。

愛する兄弟姉妹の皆さん。

この場所は、わたしたち人間が過ちを犯しうる存在であるということを、悲しみと恐れとともに意識させてくれます。近年、浦上《うらかみ》教会で見いだされた被爆十字架とマリア像は、被爆なさったかたとそのご家族が生身の身体に受けられた筆舌に尽くしがたい苦しみを、あらためて思い起こさせてくれます。

人の心にあるもっとも深い望みの一つは、平和と安定への望みです。核兵器や大量破壊兵器を所有することは、この望みに対する最良のこたえではありません。それどころか、この望みをたえず試みにさらすことになるのです。わたしたちの世界は、手に負えない分裂の中にあります。それは、恐怖と相互不信を土台とした偽りの確かさの上に平和と安全を築き、確かなものにしようという解決策です。人と人の関係をむしばみ、相互の対話を阻んでしまうものです。

国際的な平和と安定は、相互破壊への不安や壊滅の脅威を土台とした、どんな企てとも相いれないものです。むしろ、現在と未来のすべての人類家族が共有する相互尊重と奉仕への協力と連帯という、世界的な倫理によってのみ実現可能となります。

ここは、核兵器が人道的にも環境にも悲劇的な結末をもたらすことの証人である町です。そして、軍備拡張競争に反対する声は、小さくともつねに上がっています。軍備拡張競争は、貴重な資源の無駄遣いです。本来それは、人々の全人的発展と自然環境の保全に使われるべきものです。今日の世界では、何百万という子どもや家族が、人間以下の生活を強いられています。しかし、武器の製造、改良、維持、商いに財が費やされ、築かれ、日ごと武器は、いっそう破壊的になっています。これらは神に歯向かうテロ行為です。

核兵器から解放された平和な世界。それは、あらゆる場所で、数え切れないほどの人が熱望していることです。この理想を実現するには、すべての人の参加が必要です。個々人、宗教団体、市民社会、核兵器保有国も非保有国も、軍隊も民間も、国際機関もそうです。核兵器の脅威に対しては、一致団結して具体性をもって応じなくてはなりません。それは、現今の世界を覆う不信の流れを打ち壊す、困難ながらも堅固な構造を土台とした、相互の信頼に基づくものです。1963年に聖ヨハネ23世教皇は、回勅『地上の平和（パーチェム・イン・テリス）』で核兵器の禁止を世界に訴えていますが（同書112番［邦訳60番］参照）、そこではこう断言してもいます。「軍備の均衡が平和の条件であるという理解を、真の平和は相互の信頼の上にしか構築できないという原則に置き換える必要があります」（同書113番［邦訳61番］）。

今、拡大しつつある、相互不信の流れを壊さなくてはなりません。相互不信によって、兵器使用を制限する国際的な枠組みが崩壊する危険があるのです。わたしたちは、多国間主義の衰退を目《ま》の当たりにしています。それは、兵器の技術革新にあってさらに危険なことです。この指摘は、相互の結びつきを特徴とする現今の情勢から見ると的を射ていないように見えるかもしれませんが、あらゆる国の指導者が緊急に注意を払うだけでなく、力を注ぎ込むべき点でもあるのです。

カトリック教会としては、人々と国家間の平和の実現に向けて不退転の決意を固めています。それは、神に対する、そしてこの地上のあらゆる人に対する責務なのです。核兵器禁止条約を含め、核軍縮と核不拡散に関する主要な国際的な法的原則に則《のっと》り、たゆむことなく、迅速に行動し、訴えていきます。昨年の7月、日本司教協議会は、核兵器廃絶の呼びかけを行いました。また、日本の教会では毎年8月に、平和に向けた10日間の平和旬間を行っています。どうか、祈り、一致の促進の飽くなき探求、対話への粘り強い招きが、わたしたちが信を置く「武器」でありますように。また、平和を真に保証する、正義と連帯のある世界を築く取り組みを鼓舞するものとなりますように。

核兵器のない世界が可能であり必要であるという確信をもって、政治をつかさどる指導者の皆さんにお願いします。核兵器は、今日の国際的また国家の安全保障への脅威に関してわたしたちを守ってくれるものではない、そう心に刻んでください。人道的および環境の観点から、核兵器の使用がもたらす壊滅的な破壊を考えなくてはなりません。核の理論によって促される、恐れ、不信、敵意の増幅を止めなければなりません。今の地球の状態から見ると、その資源がどのように使われるのかを真剣に考察することが必要です。複雑で困難な持続可能な開発のための2030アジェンダの達成、すなわち人類の全人的発展という目的を達成するためにも、真剣に考察しなくてはなりません。1964年に、すでに教皇聖パウロ6世は、防衛費の一部から世界基金を創設し、貧しい人々の援助に充てることを提案しています（「ムンバイでの報道記者へのスピーチ（1964年12月4日）」。回勅『ポプロールム・プログレッシオ（1967年3月26日）』参照）。

こういったことすべてのために、信頼関係と相互の発展とを確かなものとするための構造を作り上げ、状況に対応できる指導者たちの協力を得ることが、きわめて重要です。責務には、わたしたち皆がかかわっていますし、全員が必要とされています。今日、わたしたちが心を痛めている何百万という人の苦しみに、無関心でいてよい人はいません。傷の痛みに叫ぶ兄弟の声に耳を塞いでよい人はどこにもいません。対話することのできない文化による破滅を前に目を閉ざしてよい人はどこにもいません。

心を改めることができるよう、また、いのちの文化、ゆるしの文化、兄弟愛の文化が勝利を収めるよう、毎日心を一つにして祈ってくださるようお願いします。共通の目的地を目指す中で、相互の違いを認め保証する兄弟愛です。

ここにおられる皆さんの中には、カトリック信者でないかたもおられることでしょう。でも、アッシジの聖フランシスコに由来する平和を求める祈りは、私たち全員の祈りとなると確信しています。

主よ、わたしをあなたの平和の道具としてください。

憎しみがあるところに愛を、
いさかいがあるところにゆるしを、
疑いのあるところに信仰を、
絶望があるところに希望を、
闇に光を、
悲しみあるところに喜びをもたらすものとしてください。

記憶にとどめるこの場所、それはわたしたちをハッとさせ、無関心でいることを許さないだけでなく、神にもっと信頼を寄せるよう促してくれます。また、わたしたちが真の平和の道具となって働くよう勧めてくれています。過去と同じ過ちを犯さないためにも勧めているのです。

皆さんとご家族、そして、全国民が、繁栄と社会の和の恵みを享受できますようお祈りいたします。

（長崎県ホームページ）

いま思い出しても、心に響くスピーチである。教皇が被爆地・長崎への訪問を強く望んだ気持ちが表れている。

日本二十六聖人

教皇一行とともに私は、日本二十六聖人の殉教地、西坂公園に移動した。

西坂公園は、長崎港を一望できる丘にある。豊臣秀吉によるキリシタン禁止令により、1597年2月5日にフランシスコ会の宣教師6人と日本人信徒20人が磔《はりつけ》にされ、処刑された地だ。ここでは、二十六聖人の殉教後もたくさんの信徒が「火あぶり」「水責め」「穴吊り」といった残酷な方法で処刑されたという。西坂公園でも大勢の方々が教皇を待っていた。印象に残るのは、傘も差さずに教皇の到着を待つ、和服のご婦人と少女の姿だ。

26人の殉教者を象《かたど》ったレリーフが彫られた日本二十六聖人殉教記念碑に進み出た教皇は、集まった人たちにこう語りかける。

「わたしはこの瞬間を待ちわびていました。わたしは一巡礼者として祈るため、皆さんの信仰を強めるため、また自らのあかしと献身で道を示すこの兄弟たちの信仰によってわたしの信仰が強められるために来ました。歓迎に心から感謝いたします」

ひどい強風と雨である。時折、教皇フランシスコの祭服がひるがえるほどだ。それでも、教皇は集まった人々に話しかけ続けた。

「この聖地にいると、はるか昔に殉教したキリスト者の姿と名が浮かんできます。１５９７年２月５日に殉教したパウロ三木と同志殉教者をはじめ、その苦しみと死によってここを聖なる地とした、あまたの殉教者です。

まごうことなく、この聖地は死についてよりも、いのちの勝利について語ります。聖ヨハネ・パウロ二世はこの地を、殉教者の丘としてだけでなく、まことの真福八端《しんぷくはったん》の山と考えました。自己中心、安穏、虚栄から解き放たれ、聖霊に満たされた人々のあかしに触れることができる場です（使徒的勧告『喜びに喜べ』65参照）。ここで、迫害と剣に打ち勝った愛のうちに、福音の光が輝いたからです」（カトリック中央協議会）

教皇の言葉に、私は40年前を思い出していた。

1981年、訪れたヨハネ・パウロ2世を長崎は大雪で迎えた。長崎の人々は、そして長崎の殉教者は、荒れ狂う天候で怒りを表現しているのか、と頭をかすめた。

今回は大雨である。長崎県の五島列島出身の前田万葉枢機卿の解釈は違う。

「この大雨は、喜びの涙だ」

青空

14時から長崎県営野球場でミサがはじまる。昼を過ぎると劇的に天気が変わり、突き抜けるような青空となった。そしてミサの会場となった野球場は、MIRAIを改造したパパモビルで、教皇が登場した瞬間、歓喜の渦につつまれた。

後日談だが、教皇だけでなく、バチカンの担当者がMIRAIをとても気に入った。約1年後にトヨタ自動車からMIRAIの改造車パパモビルが1台、バチカンに輸送され、寄贈された。

2020年10月10日に贈呈式が行われた。コロナ禍で、陪席できなかったのが残念だ。

パパモビルの件では、トヨタ自動車の関係者に大変、お世話になった。この場を借りて改めてお礼を伝えたい。

ミサが終わるとすぐに空路で、広島へ。陽がとっぷりと暮れた広島平和記念公園に到着すると参加者は盛大な拍手で、教皇を迎え入れた。

長崎にて

「平和のための集い」では、被爆者自身がその凄惨な体験談を語った。その声に耳を傾け、イタリア語に訳された文章に真摯に目を落とす教皇の姿が印象的だった。

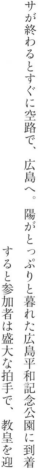

被爆者の証言に応えるように、教皇は次のような挨拶を行った。

「わたしは平和の巡礼者として、この場所を訪れなければならないと感じていました。あのすさまじい暴力の犠牲となった罪のない人々を思い起こし、現代社会の人々の願いと望みを胸にしつつ、じっと祈るためです。とくに、平和を望み、平和のために働き、平和のために自らを犠牲にする若者たちの願いと望みです。（略）

確信をもって、あらためて申し上げます。戦争のために原子力を使用することは、現代においては、これまで以上に犯罪とされます。人類とその尊厳に反するだけでなく、わたしたちの共通の家の未来におけるあらゆる可能性に反する犯罪です。原子力の戦争目的の使用は、倫理に反します。核兵器の保有は、それ自体が倫理に反しています。（略）

平和は、それが真理を基盤としていないなら、正義に従って築かれないなら、愛によって息づき完成されないのなら、自由において形成されないのなら（聖ヨハネ二十三世回勅『パーチェム・イン・テリス―地上の平和』37〔邦訳20〕参照）、単なる「発せられることば」に過ぎなくなる、わたしはそう確信しています」（カトリック中央議会）

長崎に続いて被爆地・広島においても教皇の平和への強い気持ちと核兵器の使用・保有への反対の気持ちが示された。

羽田行きの飛行機が広島空港を離陸したのが、20時35分。1日のスケジュールがようやく終わりを迎えようとしていた。

これも後日談ではあるが、教皇もさすがにお疲れになったようで、教皇庁の担当者に「このようなスケジュールは二度と組まないように」とお話しされたそうだ。

しかし長崎、広島、という災禍を体験した地で、たくさんの人たちが教皇と触れ合えたことは、私にとっても大きな喜びにもなった。

被災者との対話

訪日3日目、教皇は「ベルサール半蔵門」で東日本大震災被災者との集いに出席した。被災者3人の証言のあと、教皇は講話でこう述べた。

まずは、福島の原発事故について、「これが意味するのは、わたしの兄弟である日本の司教たちがいみじくも指摘した、原子力の継続的な使用に対する懸念であり、それゆえ司教たちは原子力発電所の廃止を求めたのです」と発言した。続けて技術主義パラダイムの陥穽《かんせい》についても批判を加えた。

教皇は、「わたしたちは何者なのか、そしてできればより批判的に、どのような者になりたいのかを省みるのが大事なのです。わたしたちの後に生まれる人々に、どのような世界を残したいですか。何を遺産としたいですか。（略）わたしたちの共通の家の未来について考えるなら、ただただ利己的な決断は下せないこと、わたしたちには未来の世代に対して大きな責任があることに気づかなければなりません。その意味でわたしたちは、控えめで慎ましい生き方を選択することが求められています」（カトリック中央協議会）と述べた。回勅「ラウダート・シ」も含めて、教皇が一貫して語り続けてきた話である。

被災者との対話を終えた教皇は、11時からの徳仁天皇との会見を経て、東京カテドラル聖マリア大聖堂へ。ここで若い信徒たちとの「青年との集い」が開かれた。

教皇は青年たちから贈られたハッピを着るなど、とても楽しそうに見えた。訪日でのスピーチで唯一、アドリブも交えた挨拶を行ったほどだ。それは、いじめ問題に言及したときのことだった。

教皇は原稿から離れて「人生に役立つことをひとつ、皆さんに話したいと思います」と切り出した。
「人を軽んじ蔑《さげす》むとは、上からその人を見下げることです。つまり、自分が上で、相手が下だと。相手を上から下へ見てよい唯一正当な場合は、相手を起き上がらせるために手を貸すときです。わたしも含め、この中にいるだれかが、だれかを軽んじて見下すなら、その人はどうしようもない奴です。でも、この中のだれかが、手を差し伸べ起き上がらせるために、下にいる人を見るのなら、その人は立派です。だから、だれかを上から下へ見るとき、心に聞いてみてください。自分の手はどこにあるか。後ろに隠しているだろうか。それとも立ち上がらせるために、差し伸べているか、と。そうすれば幸せになります。分かりましたか」（カトリック中央協議会）
ふだん教皇はあらかじめ準備した原稿にそってスピーチをする。原稿から外れることは滅多にない。きっと教皇は日本の若者たちを前に、ぜひ伝えなければ、と思ったに違いない。
残念ながら私は、東京ドームで開かれるミサに向かう教皇と一時的に離れねばならなかった。教皇と安倍総理との会談の準備のために、総理官邸に向かった。

２０１４年７月から、大使としてバチカンに赴任するまでの１年半、私は内閣官房参与として、産業政策を担当した。いわば、総理官邸は「ホームグラウンド」だ。

「Welcome to my home ground」

私は、総理官邸にやってきたパロリン国務長官、エドガル・ペーニャ・パーラ総務長官、ギャラガー外務長官、フィローニ枢機卿、アユーソ枢機卿を冗談を交えながら迎え入れた。その後、安倍総理とともに、正面玄関で教皇の到着を待った。

安倍総理と教皇フランシスコとの会談を紹介したい。以下は要旨である（外務省ホームページ）。

まず安倍総理は「日本とバチカンは共に、平和、『核兵器のない世界』の実現、貧困撲滅、人権、環境等を重視するパートナーである。教皇フランシスコ台下の訪日を契機に、バチカンとの協力を拡大していきたい」と語った。

教皇フランシスコは「訪日できてうれしく思う。今後両国の協力を一層強化していきたい」と述べた。

さらに、安倍総理は教皇フランシスコに対し、天皇陛下の御即位に当たり、慶賀のメッセージをいただいたことに感謝を伝え、また、「東日本大震災3周年に際し、台下から温かいメッセージをいただいたこと、今朝、台下に被災者にお会いいただき、励ましていただいたことに感謝する」と述べた。

教皇の長崎・広島訪問に触れた上で、「日本は、唯一の戦争被爆国として『核兵器のない世界』の実現に向け、国際社会の取組を主導していく使命を有している」とし、「非核三原則を堅持し、被爆の実相への理解を促進し、核兵器国と非核兵器国の橋渡しに努め、粘り強く『核兵器のない世界』の実現に向け尽力していく」との決意も伝えている。

教皇フランシスコは、「日本の取組を歓迎するとともに、日本の決意等への支持」を表明した。

安倍総理と教皇フランシスコは、官邸内での要人および外交団との集いに出席した。以下は要旨である（カトリック中央協議会）

教皇フランシスコは、バチカンと日本の友好関係の歴史に触れ、「国家として日本は、不遇にある人や障害を持つ人の苦悩に対しとりわけ敏感であること、東日本大震災で三重の災害に遭った被災者の困難な状況に心を揺さぶられたこと、人類の歴史において、広島と長崎に投下された原爆によってもたらされた破壊が繰り返されないよう、阻止するために必要なあらゆる仲介を推し進めること、民族間、国家間の紛争は、そのもっとも深刻なケースにおいてさえ、対話によってのみ有効な解決を見いだせること、そして対話こそ、人間にとってふさわしく、恒久的平和を保証しうる唯一の手段だ」といった旨を述べた。

次に紹介するのは環境問題、経済問題について述べた部分である。

「桜の花のはかなさに、わたしたちの共通の家である地球の脆弱《ぜいじゃく》さも想起する。地球は自然災害だけでなく、人間の手によって貪欲に搾取されることによっても破壊されている。被造物を守るという責務を国際社会が果たすのは困難だとみなすとき、ますます声を上げ、勇気ある決断を迫るのは若者たちで、若者たちは、地球を搾取のための所有物としてではなく、次の世代に手渡すべき貴重な遺産として見るよう、わたしたちに迫る」

「わたしたちの共通の家を保全するための統合的アプローチは、ヒューマン・エコロジーをも考慮しなければならない。保全のための責任ある取り組みは、世界の大半の人が貧困にあえいでいる一方で、特権的なごく少数の人が甚だしい富に浴しているというグローバルな経済システムにおいて広がっている、貧富の差に立ち向かうことを意味する。人間の尊厳が、社会的、経済的、政治的活動、それらすべての中心になければならない。世代間の連帯を促進する必要があり、社会生活においてどんな立場にあっても、忘れられ、排除されている人々に思いを寄せなければならない。とくに若者たちは成長過程でのさまざまな困難に直面して、押しつぶされそうに感じてしまうことも少なくない。同様に、孤独に苦しむ高齢者や、身寄りのない人のことも考える。結局のところ、各国、各民族の文明というものは、その経済力によってではなく、困窮する人にどれだけ心を砕いているか、そして、いのちを生み、守る力があるかによって測られるものである」

対話の重要性を改めて強調され、環境保全ならびに現在の経済システムがもたらす問題点を指摘した。

総理と教皇との会談が終わって自宅に戻り、東京ドームでのミサに参列した長女と孫二人に様子を聞いた。「とても感動した」と口をそろえた。パパモビルが近くを通ると教皇を一目見ようとする参列者の熱気がすごくて、歓声がドームの天井に反響して聞こえたという。家族が語る熱気を生んだ教皇の訪日にたずさわったひとりとして、私は誇らしかった。

2年前の手紙

いよいよ最終日の11月26日である。私は4時30分に起きて、バチカン大使館に向かった。2016年に信任状捧呈の際、拝謁した孫が再び教皇に拝謁できないものかと、教皇庁の訪日担当課長に話したら快く検討するとのことで、大きな夢が実現した。

大使館の前には、早朝にもかかわらず、謁見を待つ人たちの列ができていた。大使館に入館できたのは、列に並んでから20分後の午前7時前。孫4人が以前から準備した折り鶴を平和のシンボルと説明し、教皇に手渡した。家族が教皇に再会でき、本当に名誉に思えた。

教皇は10時から上智大学で、日本での最後の講話を済ませた。羽田への帰路、再び雨が降り、気温が下がってきた。

飛行機のタラップの下で、教皇に「Ci rivediamo a Santa Sede」(バチカンで会いましょう)と声をかけていただいた。

教皇が外国を訪問した帰路の便には、慣例として大使が同乗できる。私も教皇庁から意向を聞かれたが、訪日でお世話になった方々へのお礼の挨拶をするため、せっかくの申し出だったが断り、搭乗する教皇や教皇庁の高官たちを見送った。

「カトリックには、わからないことが三つある」

以前、ベテランのバチカニストがこんな話をしていた。

一つ目は、世界にいるシスターの数。

二つ目は、サレジオ会の資金量。

三つ目は、イエズス会士の思考。

確かに、一つ目と二つ目は謎である。三つ目のイエズス会士の思考についても、改めて考えていると、わからない部分が多い。イエズス会士である教皇フランシスコにも、それが当てはまるだろう。

見送りが無事終わった後、私は2年前を思い出していた。

教皇訪日の実現が不可能に思えていた2017年末のこと。私は、駐バチカン大使としてではないひとりのカトリック信徒として、教皇フランシスコに私信をしたためた。

ぜひ教皇に、訪日し、長崎、広島から世界に向け、平和ならびに核軍縮のメッセージを発信していただきたいこと。また、離婚率や若者の自殺率の高さ、高齢者の孤立死、引きこもりなどたくさんの社会問題を抱える日本で、教皇が父親として、心に悩みを抱える人々に太陽のように光を与えていただきたいこと……。私は、思いの丈を手紙に記した。そして、親しい枢機卿を通じて、教皇に届けていただいた。

私の努力が報われたのかどうかはわからない。その答えは、教皇フランシスコの頭のなかにある。

教皇たちを乗せた飛行機が飛び立った。私は、教皇に対する感謝の思いでいっぱいだった。

14 聖職者による性的虐待

隠蔽、沈黙の文化

いま、教皇フランシスコをもっとも悩ませているのは、聖職者による未成年者への性的虐待問題だろう。

２００２年１月、アメリカの新聞「ボストン・グローブ」がカトリック司祭による性的虐待事件をスクープした。この報道は、ピューリッツァー賞を受賞するほど世間の耳目を集め、映画「スポットライト 世紀のスクープ」の原案となった。

聖職者による性的虐待問題は、アメリカ一国に留まらない。２００９年にアイルランド

政府が、２０１８年にドイツも司教会議が報告書を公表した。

２０１８年８月にアメリカ・ペンシルベニア州の大陪審が作成した９００ページにも及ぶ調査書によると、３００人以上の司祭が未成年者への性的虐待を行って、被害者は１０００人を超えたという。

バチカンのグレッグ・ブルク広報局長は一言だけコメントを出した。

「この恐ろしい犯罪について言える言葉は二つ、恥と、悲しみである」（バチカンニュース／２０１８年８月17日）

問題を大きくしたのは、カトリック教会が性的虐待問題を組織的に隠蔽《いんぺい》した事実である。アメリカのカトリック教会は、実際に虐待を行った聖職者や、隠蔽にかかわった関係者らを処分するのではなく、ほかの教区へ異動させて、幕引きをはかった。

カトリック教会の隠蔽、沈黙の文化が浮き彫りになったのである。

こうした問題を受け、２０１８年８月20日、教皇フランシスコはカトリック信徒へ向け、〈神の民へ〉と題する書簡を発した。

被害者たちの苦悩が長い間、無視され、隠されてきたこと。問題を解決すべき関係者らが共犯者となり、事態をより悪化させたこと。カトリック共同体が自分たちの立場を見極めることができずに、適切な対応が遅れたこと……。教皇は恥と悔い改めの念を示し、聖職者や修道者による性的虐待を謝罪し、今後一切隠蔽はしないと誓ったのである。

２０１８年８月25日から２日にわたり、教皇フランシスコは「第９回世界家庭大会」に出席するために、アイルランドを訪れた。教皇のアイルランド訪問は１９７９年の聖ヨハネ・パウロ２世以来、約40年ぶりだった。

アイルランドはカトリック国であるが、近年世俗化が進み、信徒の数は減っている。とくに、若者のカトリック離れが明らかになっている。その背景には、聖職者らによる未成年者への性的虐待問題があると言われている。加えて、歴代教皇やバチカンの対応に拭いがたい不満もある。

アイルランドでは、２００９年の調査でカトリック聖職者による性的虐待問題が判明した。当時の教皇ベネディクト16世は、謝罪はしたものの、隠蔽にかかわった枢機卿の引責には触れなかった。その結果、被害者だけではなく、たくさんのカトリック信徒がバチカンに対して不信感を抱いてしまった。

教皇フランシスコが訪問しても不信感や不満を払拭できなかった。教皇も謝罪したのだが、聖職者による性的虐待に対する具体的な対策について言及できなかったのだ。

告発された教皇

さらに教皇は、頭の痛い問題に直面した。

アイルランド滞在中、元駐米バチカン大使だったカルロ・マリア・ヴィガーノ大司教が1通の書簡を発表した。教皇フランシスコがセオドア・マカリック枢機卿による性的虐待を知りながら放置したとして、引責による辞任を求めたのだ。

告発を受けた教皇フランシスコは、プレスに対して「発言はしない。この問題や書簡については記者の判断に任せる」と述べるに留めた。こうした対応も影響し、いまだ未成年者への性的虐待問題が解決したとは言いがたい。

先々代の教皇ヨハネ・パウロ2世や先代の教皇ベネディクト16世の時代にもマカリック氏が行った性的虐待の疑惑が発覚していた。しかし性的虐待が行われた明確な証拠は見つからなかったという。厳格な処分は行わずに、目立った行動を控えるよう指示しただけ。マカリック氏はこれまで通り、積極的に活動を続け、枢機卿へと地位をのぼっていく。

ここで問題となるのは、ヴィガーノ書簡に記されたように、現教皇フランシスコがマカリック氏の過去を知り、見逃していたのかどうかだ。

〈教皇フランシスコは2013年3月に就任してから2017年まで、マカリック氏の疑惑に関する文書は誰からも提示されなかった。ワシントン大司教就任前に疑惑が取り沙汰されたことは知らされていたが、疑惑はすでにヨハネ・パウロ2世の時代に検証されていると考え、またベネディクト16世の時代にはマカリック氏が積極的に活動していたことを知っていたことから、再検証の必要を感じていなかったという〉(Christiantoday／2020年11月17日)

いずれにせよ、カトリック教会の「隠蔽の文化」がうかがえる。

2017年に入り、1970年代前半にマカリック氏が行った未成年への性的虐待が、新たに告発される。

証言は信憑性が高いと判断したバチカンは、マカリック氏に枢機卿の辞任を求めた。そして2018年7月、マカリック氏はバチカンの要求を受け入れる。

バチカンは、マカリック氏にようやく厳しい措置をとった。マカリック氏に対し、聖職者としてのあらゆる公的活動を差し止め、自宅謹慎と最終判断が出るまで祈りと痛悔《つうかい》の日々を送るように通告する。

そして2019年2月、聖職を剝奪するという、教会法上もっとも厳しい罰を下す。カトリック界において、聖職者至上主義が否定された画期的な動きであった（バチカンニュース／2019年2月16日）。

教皇フランシスコは、これ以上、虐待と隠蔽を許容しないという態度を示したのである。

教皇とカトリック保守派の対立

マカリック氏を処罰したからといって、聖職者による性的虐待問題が解決したとは言えない。性的虐待は、カトリック界に奥深く根づく問題の一端に過ぎないからだ。

ヴィガーノ大司教の書簡が発端となったバチカンの動きを見ていくと、バチカンが内部に抱える革新派と保守派の対立も見えてくる。

教皇フランシスコは、時代の流れに沿う形でカトリックの伝統的な教えを改めようとしてきた。そのため同性愛者への理解、離婚や堕胎の承認などを容認する革新派と見なされてきた。

こうした教皇の態度に強く反発したのが、アメリカの保守派である。彼らは、教皇フランシスコが、世俗化を進めてカトリックの教理を破壊したと受け止めた。

2017年には保守派により、教皇フランシスコを揶揄するポスターがローマ市内に貼り出される事件も起きた。インターネット・マガジン「カトリック・あい」(2017年2月7日)が詳細を報じている。

〈ローマ市内に2月3日から4日未明にかけて、教皇フランシスコを批判するポスターが一斉に貼り出された。内容は教皇に反発するカトリック保守派の主張にも合致するものだが、掲出団体の署名はなかった。4日昼から現地メディアが報道。いかつい表情をした教皇の肖像写真の下に、イタリア語のローマ方言で「お前のいつくしみはどこにあるのか」と糾弾文が印刷されている〉

一連の出来事は、性的虐待問題への批判の噴出を契機に、反教皇フランシスコ勢力が教皇に辞任を迫るという強硬な行動に出たと言われる。

この批判は、教皇フランシスコばかりでなく、先々代の教皇ヨハネ・パウロ2世、先代の教皇ベネディクト16世も対象とされる。両教皇とも、対策を講じなかったばかりか、加害者である聖職者を他の教区に配置転換し、事件の隠蔽を図ってきたからだ。

また、告発は、ヴィガーノ大司教の私怨という説も根強い。

かつてヴィガーノ大司教は、バチカン行政庁のナンバー2だった。彼は行政庁長官への昇進、枢機卿への叙任を期待していた。だが、教皇フランシスコは、彼の意に反し、駐米バチカン大使に任命した。書簡公表の原点には、人事の恨みがあるともまことしやかに語られている。

渦中の人物

実は、私も性的虐待事件の渦中にある人物と会った経験がある。

バチカンに赴任したばかりの2016年6月、教皇の側近で、財務事務局長官をつとめるオーストラリアのペル枢機卿に面会した。経済問題に関心を持つペル枢機卿は日本の消費税引き上げ延期について「日本は、正しい判断をしている」と評した。さらに日本の社会問題についても言及した。

「日本の問題は出生率の低さ。人口減少は深刻で、若者は子育てが不安だから子どもを持てない。政府はなによりもまず、保育園の拡大、充実に努めるべきではないか」

バチカン内で経済問題を担当する同枢機卿は、日本経済にも強い関心を持っていた。

その3年後、ペル枢機卿が少年への性的虐待で有罪判決を受けたという驚きのニュースが入ってきた。教皇フランシスコを支持する枢機卿の一人であるだけに波紋は広がった。

事件が起きたのは、1996年のことだった。オーストラリアのメルボルンに建つセント・パトリック大聖堂内で、ペル枢機卿が聖歌隊の少年2人を性的に虐待したらしい。しかしペル枢機卿は、一貫して無罪を主張してきた。

そして2020年4月、オーストラリアの連邦最高裁判所は、ペル枢機卿の主張を受け入れて、全会一致で無罪としたのである。

なぜ、無実の罪で訴えられてしまったのか。詳細はまだわからないが、ペル枢機卿が無実だと知り、私はホッと胸をなで下ろした。

バチカンでは心から尊敬できる聖職者に数多く会うことができた。彼らと接した日々は、極めて貴重な経験だった。

しかし、性的虐待、あるいは金にまつわるスキャンダルもある。顔見知りの教皇庁高官や、枢機卿がスキャンダルにかかわっていると知ると、かなりの衝撃を受けた。とくに性的虐待事件では、聖職者に対して、疑心暗鬼に陥った時期もある。バチカンのなかでは、権力争いが絶えない。性的虐待事件が権力争いに利用されている側面もある。私にとって、聖職者たちの世俗的部分を感じる経験でもあった。

性的虐待対策案

全世界のカトリック教会に広がった未成年への性的虐待事件をいかにして防いでいくか。バチカンの喫緊《きっきん》の課題だ。

2019年2月、教皇フランシスコは「教会における未成年者の保護」に関する会議を開催した。全世界の130カ国以上の司教協議会の会長をはじめ、教皇庁の責任者、修道会の総長がバチカンに集まった。日本のカトリック中央協議会の高見三明《みつあき》会長も参加した。

会合は、サン・ピエトロ大聖堂に隣接するパウロ6世ホールで行われた。2階の500人ほどが収容できる階段状のシノドス・ホールで5日間も議論が重ねられた。その結果、座長をつとめたフェデリコ・ロンバルディ神父が、メディアに向け、三つの具体的措置を打ち出した（バチカンニュース／2019年2月24日）。

1、バチカン市国内の未成年者と成人弱者を保護する法規制を盛り込んだ自発令（Motu proprio）を近日中に発表する。

2、全世界の司教たちに対して、児童保護に関する法的、司牧《しぼく》的義務と責任を説明した規則書（Vademécu）を配布する。

3、未成年者保護と虐待への対応に必要な人員や、専門知識が不足する司教協議会の支援のために、専門家による実戦的なタスク・フォースを設置する。

だが、メディアの反応は厳しかった。

たとえば、2月24日の「コリエーレ・デッラ・セーラ」紙は〈具体的な措置を望む被害者は、大きな失望を覚えた。もう20年も同じ状態で、教皇庁は寛容ゼロというが、被害者にとり信用ゼロだ〉と断じた。メディアだけではなく、たくさんのカトリック信徒も同じ気持ちだったのではないだろうか。

2021年10月には、フランスのカトリック教会で、神父らが21万6000人もの子どもたちに性的虐待を加えたとする報告書が公表された。70年間にわたる報告書で、2900~3200人もの聖職者が関わったという。再び世界に激震が走った。

バチカンが持つ問題意識と、カトリック信徒の怒りや危機感は、まだかい離しているようで、根本的な解決策が示されないと、信徒の教会離れは加速されよう。

日本の司祭による性的虐待

性的虐待問題は、日本のカトリック教会も無関係ではない。

『文藝春秋』(2019年3月号)で、性的虐待問題が取り上げられ、被害者がドイツ人神父による性的虐待を告発したのである。「教会における未成年者の保護」の会議に参加した高見大司教は、帰国後の3月13日に日本における聖職者による性的虐待に関する調査報告と課題を公表したが、発生から時間を経ているケースも多く全容解明とは言い難い。

メディアや信徒からの信頼はまだ取り戻せてはいない。バチカンも「教会における未成年者の保護」の会合をふまえ、一つひとつ対策を講じている。

2019年5月、教皇フランシスコは、虐待の通告義務を促す自発教令(Vos estis Lux mundi)を発表した。これにより、聖職者や修道者は、虐待の通告が義務づけられる。各教区は一般の人たちの声が届くようなシステムを作らなくてはならなくなった(バチカンニュース/2019年5月9日)。教皇フランシスコの誕生日である2019年12月17日にも、バチカンは改革の手を打った。聖職者による性的虐待などで、調査や裁判により積極的に協力できるよう「教皇レベルの機密」の廃止を決めたのである。長らく続く隠蔽、沈黙の文化を打破するための決断だった（バチカンニュース／2019年12月17日）。

さらに教皇は、罪を犯した聖職者に対し、教会法のなかで、もっとも厳しい聖職剥奪も辞さない態度を示した。マカリック氏がその先例となった。

全世界で約13億人に及ぶ巨大な教会が教皇フランシスコのもとで、改革を目指しはじめている。聖職者至上主義から離脱し、隠蔽、沈黙の文化から抜け出して、透明度の高い組織に生まれ変われるかどうか。私は、世界におけるモラル・リーダーとしての地位をさらに確たるものするために、必要な改革だと思っている。

改革が結実した日、カトリック最大の目的もきっと達せられているはずだ。それは、世俗化の波を止めて、新たな信徒がカトリックの教えを求め、若い世代が教会に回帰する未来である。このことは、日本のカトリック教会についても言えることだ。

15 中国訪問という「夢」

誰が叙階権を有するか

バチカンと中国は、１９５１年に国交を絶ち、今日に至っている。バチカンにとって中国との関係で最大のポイントは、誰が中国における司教の叙階《じょかい》権を持っているか、である。

わかりやすく説明しよう。

カトリック教会で、聖職位を授けることを叙階と呼ぶ。

唯一、叙階ができる司教を任命しているのが、バチカンだ。世界中のカトリック教会の司教はバチカンが任命している。そうしたバチカンの原則から外れていたのが、中国のカ

トリック界だった。

香港の聖霊研究所によれば、中国のカトリック信徒は、約1200万人。うち、570万人が、中国政府公認の中国天主教愛国会の信徒だ。中国天主教愛国会はバチカンから独立してカトリックを称する団体である。加えて中国には政府非公認の、「地下教会」と称される教会も存在する。

中国政府は、中国天主教愛国会の司教任命権を持つ。基本的に司教は、中国政府の意にかなった者に任されているようだ。この問題が解決されない限り、バチカンは中国を認めることはできない。

とはいえ、1200万人の信徒が暮らす中国をバチカンとしては見過ごすわけにはいかない。また14億人強もの人口を持つ中国は、バチカンにとって布教の場としても極めて魅力的で重要な国である。

バチカンと中国との関係についての考えは、カトリック界でも分かれている。

中国本土とは違って、香港とマカオはバチカンの管轄下に置かれている。前香港司教の陳日君枢機卿は、カトリック系インターネットサイト「地震計」(2016年8月2日)のインタビューで、こんな意見を述べている。

「教皇庁と中国政府間で、満足できる合意に達することは不可能である。中国政府は、バチカンとの間で最も基本的な問題である司教の叙階権で譲る気持ちはなく、現状の確認を求めるというものだ。さらに、教皇庁は、中国共産党についてあまりにも無知すぎる」

中国政府の懸念は、カトリックが法輪功《ほうりんこう》のように、中国共産党の一党支配を揺るがすことだろう。

バチカンに赴任した2016年当初、私は教皇庁の要人に会う機会があると、バチカンと中国の関係について聞いてみた。そのうちの一人はバチカンにとっての中国の重要性に理解を示しつつも「人権侵害や信教の自由の制限など問題が多い」と指摘していた。

別の一人は「中国問題を楽観視していない。司教の叙階権も難しい問題で、ステップ・バイ・ステップのアプローチをとっていくしかないだろう。バチカンは、中国が簡単な国でないことは承知している。しかし、教皇は、対話が解決の第一歩として、前に進むであろう」と語った。

また、あるバチカン高官からはこんな意見も聞いた。

「中国との外交関係を正常化するのはそう簡単ではない。しかし教皇フランシスコは、中国への大きな関心を抱いている。大きな第一歩を踏み出さないと、何も起こらないと考えている」

さらに中国問題に詳しいバチカニストは、もう少し踏み込んだ話をしていた。

「マスコミがいう『教皇フランシスコの夢』である中国訪問と、習近平国家主席との会談は難しいだろう。ただ、中国政府内には、教皇フランシスコの生活スタイル、発言、広報の方法について魅力を感じている向きもある。最大の問題は、司教の叙階権だが、中国政府が任命する前に、教皇庁と直接相談し、合意に達することができれば、事態は改善する。とはいえ、中国では、信教の自由や人権の擁護は、保障されておらず、中国のカトリック界は苦悶している。文化革命以降、バチカンは中国政府と話し合いを続け、関係は徐々に改善しているものの、具体的な成果はまだ出ていない」

教皇フランシスコの「夢」である中国訪問、そして習近平国家主席との会談の実現に近づいたのは、二度ある。

2015年9月下旬、習近平国家主席は、国連総会に出席するため、渡米してニューヨークに滞在した。同時期に教皇フランシスコもアメリカを訪問した。連日、アメリカ国民に熱狂的に歓迎される様子が報道されていた。実は、このとき教皇と国家主席の会談が模索されたが、中国側が回避したという（China Christian Daily／２０１６年７月２日）。

二度目のチャンスは、２０１９年３月。習近平国家主席がイタリアを訪問した。教皇との会談に関心が集まったが、実現にいたらなかった。

中国政府に軟禁された司教

近年、中国のキリスト教をめぐる動きで注目を集めたのは、元上海教区の馬達欽氏だろう。

２０１２年７月、馬達欽氏はバチカンから司教補佐に任命された。彼は、中国天主教愛国会の幹部でもあった。馬氏はバチカンから正式に任命された司教でありながら、中国天主教愛国会で活動を続けることは矛盾すると考えたのだろう。中国天主教愛国会からの脱退を決断したのである。

その代償は大きかった。彼は、その後、4年間も中国当局の監視の下《もと》、自宅に軟禁されてしまう。

しかし2019年、馬氏は自らのブログで、それまでの態度を180度転換し、中国天主教愛国会への支持を表明した。

バチカン報道局は「馬司教ならびに中国カトリック教会の情報はフォローしているが、馬司教について直接情報は持ち合わせていない」と報じた。バチカンとしては中国政府との対話を促進させて、外交関係の樹立後、諸問題を解決していくというスタンスは変えなかった。

そんな状況で、バチカンと中国は、2018年9月22日に司教任命をめぐり、2年間の期限つきで暫定合意をしたと発表した。バチカンは、教皇庁から破門された8人の中国人神父（うち1人は故人）を司教に任命したのである。

これには複雑な背景があるようだが、いずれにせよ、中国を重視するバチカンの思いは読み取れる。

破門状態にあった信徒の復帰は、バチカンにとって、どんなメリットがあったのか。

司教の叙階権がバチカンにあると、中国政府だけではなく世界中に示せたことに尽きる。ただし今回、任命された司教のなかには、妻帯者や子弟を持つ者がいるという噂もある。確認されてはいないが、今後の展開はまだ読めない。

ところでパロリン国務長官は、中国との暫定合意について、こんな声明を発表した。

〈教皇庁と中華人民共和国間で署名された、司教任命をめぐる暫定合意は、大きな意味を持つものです。それは特に中国のカトリック教会の活動や、教皇庁と中国の当局間の対話のためはもとより、国際レベルで多くの緊張が見られる今日、世界平和の基礎づくりのためにも重要なものです。

教皇庁の目的は、司牧的なものです。つまり、地方教会がより大きな自由、自主性、組織の状態を享受し、福音宣教の使命に取り組み、人間と社会の統合的発展に寄与できるように助けることです〉（バチカンニュース／2018年9月22日）

司牧とは、カトリックの言葉で、司祭による教会の管理や、信徒の指導を意味する。解釈にもよるが、中国政府による〝地方自治〟にまかせようと譲歩したようにも見える。

しかし暫定合意は、中国のカトリック界という〝地方〟だけに留まる問題ではない。これから様々な波紋を呼ぶ恐れがある。

懸念されるのが、バチカン内部の権力闘争だ。

多くのカトリック教会で聖職者による性的虐待事件の事実が明らかになった。アメリカのカトリック保守派は、性的虐待問題でも、反教皇フランシスコの立場をとる。そこに、国際政治の舞台での米中対立も加わり、バチカン内の火種となる危険性が指摘されている。

それだけ重大な決定であるにもかかわらず、暫定合意の文書は発表されなかった。過去においても、合意書が公表されなかった事例はある。ただし、今回はあくまでも暫定である。今後見直しが行われ、最終的な合意に到達後に発表される可能性もある。だからこそ、気になるのは、暫定合意の内容と、両国の思惑である。

中国に対する教皇の視線

新年が訪れると、駐バチカン外交団は、教皇フランシスコに謁見する。ホワイト・タイの燕尾服の上に勲章をつけ、妻とともにバチカン宮殿に足を運ぶ。

２０１９年1月7日は、暫定合意を締結してはじめての謁見だった。教皇は暫定合意について、どんな発言をするのか、関心を持って耳を傾けていた。

約40分間のスピーチで、教皇は、国家間の協力の必要性を強調されていた。そのなかで、中国との暫定合意についても触れた。

「暫定合意を通し、教皇庁と中国当局間の協力の、いくつかの安定的要素を定めることができた」（バチカンニュース／２０１９年1月7日）

教皇は、暫定合意の施行をめぐる交渉を重ねて、信教の自由に必要な環境づくりをしたい、との考えのようだった。その後のバチカンと中国の関係の進展を追ってみよう。

２０１９年8月、教皇庁は、中国で２人の司教が叙階されたと発表した。

２０２０年2月には、バチカンのギャラガー外務長官と中国の王毅《おうき》国務委員兼外相が、ドイツで開かれた「ミュンヘン安全保障会議」の折に70年ぶりの外相会談を実現した。

教皇庁国務省の発表と2月15日の「バチカンニュース」によれば、２人の会談は和やかな雰囲気のもと、進んで両国の連携に言及したという。暫定合意の重要性が強調され、中国のカトリック教会と中国国民のために、対話を継続していくとの意向が示された。

暫定合意により、中国で暮らすカトリック信徒の地位確立をバチカンは期待しているのだろうが、不安は拭《ぬぐ》えない。

注目すべきは、中国政府に認められていない地下教会の扱いである。地下教会には30人以上の司教がいると言われている。

中国政府は、暫定合意に基づき、地下教会の司教を公認するのだろうか。

習近平政権は、宗教の中国化を掲げ、宗教管理政策を推し進めている。バチカンに忠誠を誓ってきた地下教会の司教、信徒などへの扱いがどうなるか。彼らは確固たる信仰心のもと、これまで中国当局の弾圧に耐えてきた。いや、現在なお続く弾圧に耐えているさなかであろう。

地方では、教会の十字架が取り外され、教会そのものが建築違反の名目で破壊されている。18歳以下の者はミサの参列を認められないなど、カトリックへの弾圧が終わっていない。さらに激しい弾圧に発展しないとは言い切れない。

それに地下教会と、中国天主教愛国会の信徒との間の感情的な溝は、バチカンが想像している以上に深いといわれる。溝を埋めるためには相当な時間と労力を必要とするに違いない。未だに先が見通せない不透明な状況が続いているのである。

２０１８年の暫定合意にいたる経緯を改めて振り返ってみると、どうしてもこんな疑問が湧いてしまう。教皇フランシスコは、共産党の真の怖さを知っているのであろうか、と。

暫定合意前の２０１６年８月２日の「地震計」の、陳枢機卿（前香港司教）のインタビューでは、次のような言葉も載せている。

「南米出身の教皇は、迫害された共産主義者は知っているが、迫害する共産主義者は知らない」

中国が暫定合意を機に、「ひとつの中国」という中華思想をバチカンにも押しつけてくるのは明白だろう。台湾をはじめ、香港やウイグルなどの人権問題について、バチカンに異論を挟ませないはずだ。

２０２０年10月22日、バチカンは中国との暫定合意を２年間延長することで合意したと発表した。今後も紆余曲折がありそうだ。２０００年の歴史を持つバチカンと５０００年の中国の戦いは、これから始まろうとしている。

16 土光敏夫会長の思い出

驚異そのものの人

「土光さんについて書いてみたらどうでしょう」

本書の担当編集者にそう言われて、正直、私は躊躇《ちゅうちょ》した。

私は１９７９年から１年９カ月、政策秘書として経団連の土光敏夫会長に仕えてきた。

土光さんの言葉や思い出、何よりも私個人の土光さんへの思いは、自分だけの宝物として大事にしまっておきたかったからだ。

しかしご逝去から30年あまりが過ぎたいま、「メザシの土光さん」を知らない若者もい

ると聞く。そばにお仕えした者として、土光さんについて語ることは、意味があるのではないか。そう考えて、本項を起こそうと思う。

土光会長（中央）と筆者（右端）

驚異に接した瞬間、人は言葉を失い、沈黙する。私にとって、土光敏夫という方は、驚異そのものだった。

土光さんにはじめてお目にかかったとき、私は、まだ30代後半の若輩だった。土光さんの言葉の一つひとつ、行動の一から十まですべてが驚きの連続だった。

誰もがそうであるように、私もこの世に生を享けてから今日まで、数多くの方々と出会い、実にさまざまなことを教わっている。

学ぶべきものが何ひとつない人など、この世界に存在しないと思っている。

だが、時に天は、とてつもない人を世に送り出す。

そう、土光さんだ。土光さんの言動は、さながら金剛石だった。至高の貴石が放つ鮮烈な輝きは、幾多の人々を魅了して、夢を見させ、力を奮い立たせる。それが、天性のリーダーなのであろう。

記憶を掘り起こすと、40年前の土光さんがくっきりと姿を現すかのようだ。経団連会長秘書だった私が、いまも記憶している土光さんの当時の日常の一端を紹介したい。

土光さんとの戦い

土光さんは朝が早い。

秘書の朝はある意味、土光さんとの戦いでもあった。土光さんは、毎朝、主要な新聞に目を通して出社される。

秘書も会長に負けていられない。会長が読んでいない新聞も含めて、早朝から10紙ほどを隅から隅まで熟読する。我が家の玄関には、郵便ポストに入りきらない新聞配達用の段ボール箱をおいていたほどだ。

「あの新聞のあの記事は理解不足でけしからん。対応策を練るから担当を呼べ」

出社した土光さんは、私の顔を見るなり、このように真剣勝負を挑んでくる。応戦するにはあらかじめ新聞を読んで、情報を集めておくしかなかった。

土光さんのおかげで、いまも私は早起きが習慣になっている。2006年から私は経団連の事務総長として働いたが、出勤は誰よりも早く、自ら役員室のドアを開けていた。土光さんの秘書時代に培《つちか》われた習慣である。

土光さんは、いかなる夕食の招待も断った。それがたとえ皇居での外国の賓客を招いての晩餐会であれ、時の総理からの夕食会であれ、辞退した。

したがって、秘書の朝も早かったが、夜はよほどの用務がない限り、早めに帰宅できた。

自分に厳しいからこそ、他人にも厳しくできる。その典型が土光さんだった。

「仕事はその日のうちに片付けろ。翌日まで延ばすな」

それが土光さんの口癖だった。仕事には速さが求められた。

「明日」という言葉は、会長室には存在しなかった。

足跡を見ず。過去は振り返らず。前を見て進む。それが土光さんの流儀で、スタッフへの教えだった。すべてのことに前向きに、クリエイティブに考えて生きるというメッセージだったのだろう。

ブラジル出張中のことだ。夕食にステーキが出た。そのステーキは2枚重ねで、非常にボリュームがあった。土光さんは「君は若いから」と1枚を私にわけてくれた。食事を残すことは許されなかった。ムリをしてステーキを頬張り、私は閉口した。

出張中、全ての記録はその日のうちにまとめ、翌日渡していた。起床は朝4時、その日の日程を、本人と打ち合わせなければならない。出張の間の仕事は出張の間に全て片付けていた。

出張が終わり、成田空港に到着したときの土光さんの言葉は鮮明に覚えている。

「明日からまた新しい仕事ができる」

安堵する間もなく、また新たな仕事に取りかからなければならなかった。

土光流権限委譲

「連絡をよくとれ」

土光さんは口を酸っぱくして、そう言った。情報をしっかりと共有していれば、迅速な仕事をしても組織の一体感が失われることはない――。土光さんの貫く経営哲学から出た言葉である。

土光さんといえば、権限を下に委譲し、責任は自分がとるという考えを徹底したことで知られる。

土光流権限委譲については、私にも思い出深い出来事がある。

当時、懇意にされていた某財界人が土光さんへの面談を申し入れてこられた。お二人の関係や事情はよくわかっていたものの、ほかの面会や、仕事の優先順位の関係で、どうしてもすぐにアポイントを入れることができなかった。某財界人の方には、私から丁寧にお返事をさし上げ、事情を説明した。

翌朝、土光さんに呼ばれた。土光さんは、社員をよく叱責したり、怒鳴ったりしたので「怒号さん」の愛称で呼ばれていた。

私はとてつもない雷を落とされるのではないか、と覚悟し、会長室に入った。

昨晩、某財界人の方が土光さんの自宅を訪ねてきて「あの秘書はけしからん」とクレームをつけ、「この場で面談の日時を決めてくれ」と直談判したという。私は「怒号」を覚悟したのだが、土光さんは一切声を荒らげなかった。

土光さんは某財界人の方に対して「スケジュールはすべて秘書の中村に任せているので、悪いが、昼間に彼と話をしてくれ」と伝えたという。直談判にも応じない土光さんに対して、相手は諦めて帰って行ったそうだ。

その話を聞き、私は感激した。親しくされている経営トップと30代後半の秘書。土光さんは、同列に見てくれていたのである。土光さんにとって、立場の違いは関係なかった。権限を持つ者の判断に従う。そのシンプルなルールに則って行動していたのである。幸い私は「怒号さん」に怒られたことはなかった。

土光さんは石川島播磨《はりま》重工業や東芝、経団連や、後の第二次臨時行政調査会や臨時行政改革推進審議会でも、そのスタンスを変えなかった。現場を重視し「人間は平等」という考えを堅持した。また土光さんは、日本を良くするためには若い人の力が必要と考え、「若い者と対話せよ」という持論を持ち、実行されていた。

土光さんは実に精力的な方であった。どんなに多忙でも、各所に出向くことをいとわなかった。

講演も数多く受けた。私もスピーチライターの大役を任される機会が多かった。

これがまた試練の日々だった。土光さんは、同じ話を書くことを許さなかった。また「俺の知らないことを書け」とも命じられた。

指名したスピーチライターに、権限をすべて委譲する。上司に頼ることも許されず、自分ひとりの力で、スピーチ原稿を書き上げなければならなかった。

不思議なものだ。誰にも頼れない状態になると、強い責任感と使命感が湧き上がってくる。奮い立ち、自分の持つすべてをさらけ出してなし遂げる。そんな覚悟と行動が生まれたのを覚えている。知恵の限りを尽くして原稿用紙に向き合った日々が懐かしく思い出される。

言い訳は土光さんの前では一切許されなかった。

「常に解決策を持ってこい。前向きに取り組め。『できない』『何故なら』と言うな」

これが土光さんの基本である。トップが自分に人一倍厳しいからこそ、率先垂範《すいはん》するからこそ、部下は心から心酔し、全力でその意に沿おうと努力する。土光さんが会長に就任してから経団連もそんな組織に変わっていった。

土光さんのハードな要求に対しても、事務局員みんなが一致団結して解決策を自ら見出していく。事務局の意識改革が起こったのである。経団連は土光会長に厳しく育てられることで、強靱な組織になった。

だからこそ、時にかけていただける優しい声が胸に響いた。

「物事が上手くいかない場合は多々ある。でも、誰かが君の仕事や行動を必ず見ているんだ」

そうした言葉に、何度も励まされた。

原発事故をどう見たか

土光敏夫という不世出のリーダーは、日本のエネルギー問題に命がけで取り組んだ。土光さんが経団連会長に就任した1974年は第一次石油危機直後。中東にエネルギー源の大半を依存していた日本は、原油価格の高騰で試練に直面した。

土光さんは、日本のエネルギー自給率を高める必要性を感じていた。とくに省エネルギー、省資源に熱心だった。

出張帰りの新幹線の車窓から、夜もこうこうと明かりをつけ、温度管理をする温室やビニールハウスを見て「ビニールハウスで栽培されている野菜や果実は石油の塊だ」と否定的に話していた。常々、自然のもとで旬の野菜、果物を食する大切さを説いていた。

また土光さんは、エネルギー自給率を高めるため、原子力発電を積極的に支援し、当時すでに太陽光発電や地熱発電にも熱心に取り組まれた。

原子力発電に関しては、安全性を向上させて、稼働率を引き上げるべきだと考えておられた。

私は時々思うのである。土光さんが生きていたら、東日本大震災での福島第一原子力発電所の事故をどう見たであろうか。

この点について経済ジャーナリストの出町譲氏は、『清貧と復興』（文藝春秋）で〈（土光さんが）生きていれば、福島第一原発の事故について、誰よりも憤るだろう〉と記して、以下のように続けている。

〈（土光さんは）原発を推進していたが、それには前提があった。安全管理に最大限努力する日本の技術力だ。そして現場での知恵だ。地震と巨大津波で外部電源が途絶え、冷却水が注入できなくなるという異常事態。なぜ、電源喪失という緊急事態を踏まえた安全対策が講じられなかったのか。

どんな事故でも、その原因と対策を徹底追及せよ。今回の福島原発の事故は、〝土光イズム〟が生かされていなかった〉

土光さんの言葉を借りれば「ボルト一本までチェックせず、津波の想定をしない原発をそのまま導入してしまった」。その結果、起きた事故かもしれない。

日本の自殺

私が土光さんと出会った頃、日本社会は石油危機という試練に直面していた。そんな中、土光さんは獅子奮迅《ししふんじん》の働きで国民を鼓舞した。

このままでは日本社会は崩壊してしまう。その危惧が具体的なレポートとして示された『文藝春秋』（1975年2月号）の特集「日本の自殺」を読まれた土光さんは、強く共感されていた。土光さんが抱いていた憂国の思いと決死の覚悟が、類《たぐい》まれな指導力、行動力の源泉になっていたことは間違いない。

「日本の自殺」が世に出てから、もうすぐ半世紀になろうとしている。

その後、東西冷戦の終焉、湾岸戦争、日本のバブル崩壊、9・11とテロとの戦い、中国をはじめとする新興国の台頭、リーマン・ショックを契機とする世界同時不況、東日本大震災と原発事故……。

内外の政治、経済情勢は実に目まぐるしく、また大きく変転し続けてきた。その都度、日本国民は一致団結して叡智を結集し、荒波をなんとか乗り越えてきた。

いまの日本社会を展望してみると、「日本の自殺」で指摘された懸念がなにも解消されていない。一見、豊かに見える日本社会が、自殺への道をひたひたと歩んでいるという警鐘が、鳴り続いている。

日本社会は長きにわたり、言いようのない閉塞感、停滞感に覆われている。原因は、長期にわたるデフレに他ならない。国民は豊かさを実感できず、また、医療・年金制度をはじめとする社会保障制度への不安が増している。高齢者、現役世代を問わず、生活防衛を迫られている。

さらに深刻なのは、こうした事態への危機感が希薄であることだ。その理由もまた明白である。GDPでは中国に抜かれたが、高機能で洗練された商品が巷《ちまた》に溢れ、きめ細かいサービスが生活のすみずみまで行き渡っている。インフラや公共サービスも高水準だ。

深夜にひとりで歩いていても何ら問題ない。犯罪発生件数の低さ、検挙率の高さでも依然他の先進諸国に大きく水をあけている。

「豊かな日本」への懐疑

土光さんは「豊かな日本」に対して懐疑的な眼差しを投げかけていた。しかし現代、豊かな日本に加え、世界に冠たる安全、安心、快適な社会が享受できる。

私は「豊かな日本」を、そして社会の心地よさを、素直に楽しめない。言いようのない違和感を抱いてしまう。特に若い世代の間に、ある種のあきらめ、現状容認、内向きの志向が広がっているように思えてならない。

20年以上も続くデフレのなかで、若い世代は未来に明るい展望を持てない。定職を得て、結婚し、家を持つ。そんなごく普通の人生設計すらできない若者も増えている。

いまの日本は「Boiling Frog（ゆでガエル）」の逸話さながらの状態にあるといえる。熱湯に放り込まれたカエルは驚き、飛び出して九死に一生を得るが、徐々にゆでられると最期の時を迎えるまで自分の置かれた危機的な状況がわからない。

一見、安心、安全、快適な社会を形作っている各種制度をゼロベースで見直し、根本から改革しない限り、若い世代が希望を持てる社会にはならないだろう。

土光さんは「日本人の精神」を案じていた。自立自助という勤労精神を失った日本人に対する憂いを土光さんは最後までぬぐい切れなかったと思う。

いま新型コロナウイルス感染症が世界を恐怖に陥れている。この危機を克服する過程で、日本人の精神は否応なく変わっていくだろう。

伝統や美徳はもちろん核としてしっかり残しつつ、世界とともに生きる日本へと成長しなければならない。

若い世代には、世界に必要とされる国を作り上げるという気概を見せてほしい。

新型コロナがどう終息していくのか。全貌が見えない段階で正確なことは言えないが、コロナ禍は日本史上最大の危機になるだろう。

そして、国のあり方を抜本から見直し、全国民が一致団結して、原点から国づくりを進めることになるはずだ。

決してたやすいことではない、茨《いばら》の道を行くことになろう。

そんな時代だからだろう。最近、私は土光さんの目をよく思い出す。古武士のように鋭い眼光の奥には、やさしい、慈愛に満ちた光がいつも灯っていた。コロナ禍であえぐ危機だからこそ、土光さんの生き方、考え方に改めて注目してほしいと思うのである。

私のバチカンでの4年間、教皇フランシスコに接し、教えを聞く機会が数々あった。教皇は全ての人が参加する社会を標榜《ひょうぼう》するが、土光会長も全ての人を平等に扱う社会（inclusion）を目指していた。人を差別なしで対等に接することの重要性を指摘していた。土光さんは「若い人と対話せよ」と次の世代のことを絶えず考えていた。くわえて、常に現場主義であった。このことは教皇フランシスコにも通ずると思う。

17 コロナとともに

大使として、最後の公式行事

私にとってバチカン大使として最後の天皇誕生日レセプションを、２０２０年３月12日に開くことに決めていた。案内状をバチカンの枢機卿、教皇庁高官、外交団、バチカニストらに送付した。このレセプションが、バチカン大使として私の最後の公式行事となる。４年間、お世話になった方々にレセプションの場を借りて、お別れの挨拶をする予定にしていた。

しかし、イタリア北部ではじまった新型コロナウイルス感染の波がローマに近づき、中

止せざるを得なかった。残念ながら、お世話になった方々にお別れの機会を失してしまった。

その頃、バチカン関係者の間で、教皇庁国務省で感染者が出た、という噂が広まった。噂好きなバチカンらしい話だが、実際、3月6日に教皇庁の報道局長が、バチカン市内の診療所で新型コロナウイルス感染者が1人確認されたと、声明を出した。疑心暗鬼になっていたバチカンの人たちだったが、正確な情報に接して、混乱はひとまずおさまった。

バチカン美術館も3月8日から休館となり、3月10日よりサン・ピエトロ大聖堂と広場が閉鎖された。バチカン内は枢機卿をはじめ高齢者が多い。新型コロナウイルスの感染拡大には、極めて敏感だった。

教皇フランシスコのもとに帰任の挨拶にうかがったのは、3月12日。教皇庁のエレベーターにも3人までという人数制限がかかっていた。

4年前に信任状捧呈を行った部屋に通された。今回は、家族は呼ばずに妻と二人のお別れ謁見となった。教皇は、ふだん通りに別れの握手をしてくれたが、パロリン国務長官、ギャラガー外務長官は日本式のお辞儀であった。結局、別れの挨拶ができたのは、この3

人だけだった。

教皇に訪日のお礼を述べると教皇は、訪日は素晴らしかった、と再度感想を述べられた。信任状捧呈式の際にいただいた3冊にFrancescoとサインしてもらった。前述したがそのうちの2冊『回勅　ラウダート・シ』と『使徒的勧告　福音の喜び』は、私にとり、かけがえのない財産となっている。

教皇庁を出た私は、4年間、頻繁に利用したスーパーマーケットに向かった。バチカン内は閑散としていたが、スーパーには長い行列ができており、入店を諦めた。

また、日本へのお土産を、と思って、バチカン内のデパートに足を延ばしたが、閉鎖されていた。シャッターを閉めた店、人通りが少ない道……。そんな風景が、バチカンにも新型コロナウイルス感染の波がひたひたと押し寄せている現実を突きつけてきた。

新型コロナウイルス感染症のため、お世話になった方々、とくにバチカン内で働くマルタの方々にお礼の挨拶もできずに去る淋しさが込み上げてきた。また親しくなった外交団にもお別れの挨拶ができなかった。

しかし赴任時に掲げた三つのミッション「教皇の訪日実現」「日本からの枢機卿の選出」

「日本バチカン国交樹立75周年事業」を完遂できたことは大きな喜びであった。いずれも多くの方々の協力があった。

いつ東京への便がキャンセルになるかもしれないという状況の中、フィウミチーノ空港に向かう。途中検閲にあうが、なんとかたどり着けた。ANAの方々の助けを借り、チェックイン。空港は客も少なく、閑散としていた。フランクフルト経由で無事羽田に到着した。

帰国した私は、バチカンのニュースを報道か、知り合いからの連絡でしか知るすべがなくなった。とくに信徒のバチカン詣での場である一般謁見がどうなるのか、気になっていた。

コロナ禍の一般謁見

一般謁見は、新型コロナウイルス感染防止のために、2020年2月下旬に中止されていたが、3月中旬からは教皇宮殿内からのビデオ中継となっていた。

7月は夏休みで一般謁見は行われない。9月からの一般謁見は、教皇宮殿のサン・ダマソの中庭で、10月からはパウロ6世ホールで、信徒も参加したうえで、開催された。

謁見が再開された9月2日、教皇は謁見中のカテケーシス（キリスト教生活に導くための、キリスト教要理の教え）で、パンデミック危機における「連帯の必要性」について説かれた。

「何カ月も経てやっと、わたしたちは画面を通さずにじかに会えるようになりました。お互いに顔を見合わせています。なんとすばらしいことでしょう。このパンデミックは、わたしたちが頼り合っていることを浮き彫りにしました。わたしたちは皆、良くも悪くも、互いに結びついています。この危機から、以前よりよい状態で脱するためには、ともに協力しなければなりません。独力ではなく、協力するのです。独りでは決してできないからです。一緒に協力するか、さもなければ、何もできないかです。わたしたち全員が、連帯のうちに一緒に行動しなければなりません。今日はこの連帯ということばに焦点を当てたいと思います」（カトリック中央協議会）

だが、9月には教皇庁の福音宣教省長官であるルイス・アントニオ・タグレ枢機卿が、新型コロナウイルスに感染したと報じられた。フィリピン人のタグレ枢機卿は、将来、アジアから教皇が選出されるとすれば、彼だろうと言われている人物だ。人格的に優れているだけでなく、とても気さくな人柄だ。説教の最中に笑いが起こるのは彼ぐらいで、とても親しくしていただいた。公邸には何度もお越しいただいたことがある。コロナ感染が人ごとではないと実感した。

10月21日の一般謁見で、参加者1名の感染が報告された結果、11月からは、再びバチカン宮殿の図書室で撮影された映像での謁見が再開した。現在、一般謁見はパウロ六世ホールで再開されている。バチカン美術館も5月から再開されている。

バチカンでもコロナの感染状況は、一進一退の状況が続いていた。どのような対策が行われていたのだろうか。「バチカンニュース」（2020年4月16日）は、教皇庁人間開発省にCOVID－19委員会が創設されたことを報じている。

教皇フランシスコは、2020年3月20日付で、人間開発省（長官：ピーター・タークソン枢機卿）に、新型コロナウイルス感染症の世界的拡大に対し、教会の配慮と愛をすべての人々に伝えるために、他の教皇庁機関と協力し委員会を創設するよう招いた。

人間開発省はこれに応じて、4月15日、「COVID‐19委員会」の立ち上げを発表した。

同省はパンデミック危機に対し、これまでも現状に即した迅速な支援を積極的に行ってきた。これらの支援に並行し、今回創設された「COVID‐19委員会」は、特にパンデミック後に焦点を定め、新型コロナウイルスが将来の社会経済と文化に与える影響の分析と考察、その対応策となるガイドラインの提案などを行う。

タークソン枢機卿は、同委員会の設立をめぐり、「一つの危機には、別の危機が、さらにはまた別の危機が付随してくる恐れがあり、こうしたプロセスの中で、わたしたちは遅ればせながら、苦しみのうちに、教皇フランシスコが回勅「ラウダート・シ」で先見をもって教えられた、わたしたちの『共通の家』をいたわることの大切さを学ばざるを得ない」と述べた。

そして、これらの援助事業において、今日のために必要な具体的な行動を調整すると共に、未来を探り、明日のために準備すること、そのどちらも欠けることがあってはならない、と話した。

フランシスコの経済

２０２０年3月、イタリアのアッシジで予定されていた集会「フランシスコの経済」も11月に延期された。教皇フランシスコの『回勅　ラウダート・シ』や『使徒的勧告　福音の喜び』で取り上げられている包摂的な経済、環境問題、貧富の格差、自由主義経済の問題点などについて、世界から集う若者が議論する場が設けられるはずだった。

聖フランシスコは、フランシスコ会の創設者として知られる。「裸のキリストに裸でしたがう」と語り、清貧を説いた聖人である。

コロナ禍の前、「フランシスコの経済」の責任者であるシスター・アレッサンドラ・スメリーリ氏を公邸に招き、昼食をしながらステークホルダーの考えを説明すると、「ぜひ3月の会議に出席してほしい」と招待してくださった。しかし会議は延期され、私は帰国してしまった。

教皇に別れの挨拶に伺った折、私が「フランシスコの経済」の延期について触れると、大変残念がられた。その表情が忘れられない。

11月に入っても新型コロナは終息せず、結局、「フランシスコの経済」は11月21日にオンライン開催となった。

教皇は、ビデオを通じて、講話を行った。オンラインで行われた「フランシスコの経済」の模様を、「バチカンニュース」（2020年11月21日）から紹介しよう。

〈「フランシスコの経済」（Economy of Francesco）と題されたこのミーティングは、より正しく包括的な経済の考察を目的に、教皇フランシスコが昨年、若い経済学者や起業家らに参加を呼びかけたもの、（略）この間、参加者らはビデオを通し、今日の世界の問題を見つめつつ、貧しい人々をはじめ、社会のすべての人々に配慮した経済のあり方、その実現のプロセスを求め、発表、討論、黙想などを行った〉

最終日、教皇は参加者へ言葉を贈られた。聖フランシスコの生き方と精神からインスピレーションを得たこのイベントが、生きるべき召命《しょうめい》、文化、協定に向けた、ひとつの出発点となるという願いを込めたスピーチだったという。

「フランシスコよ、行って、崩れかけたわたしの家を直しなさい」

これは、若きフランシスコを動かした神の言葉だという。

教皇は「この神の言葉は、わたしたち一人ひとりへの特別な呼びかけでもある」と話した。

そして「貧しく疎外された人々と一緒に、地球の資源をも搾取する現在の世界構造が、もはや『様々な点から、持続不可能である』という事実を受け止め、それに責任をもって対応する新しい経済の潮流が緊急に必要とされている」と教皇は説かれた。

さらに教皇は、「現在の世界の深刻な状況は、パンデミック危機によりいっそう際立つものとなった」と述べて「社会のすべての人に責任ある自覚が求められる中、若い人々が担う役割がこの上なく重要であるのは、今日のわたしたちの言動の影響を将来に直接受けるのは、まさにこの未来の世代だからである」と続けた。

コロナ禍は、これからの世界を担う若者たちを苦しめている。教皇はこんな言葉で、彼らを励ました。

「今は、人間や社会、環境の犠牲を無視した目先の利益だけに集中した経済モデルに押しつぶされ、貧富の差を前に沈黙し、その場しのぎの解決や慈善事業的モデルに頼っている時ではない」

「貧しい人たちの声を聴き、その尊厳を保証する、単なる救済主義以上の回心と変化がわたしたちの政治と社会に必要」

「現在のパンデミック危機の後に危惧される最悪のリアクションは、さらなる消費熱や、新しい形の利己的保身主義である。今こそ、良いものを育て、機会を活かし、皆の力を合わせて共通善のために取り組んでいこう」

幻のスピーチ原稿

新型コロナウイルスが猛威を振るった2020年が終わり、2021年を迎えた。年が変わったが、バチカンの様子は変わっていないようだ。むしろさらにセンシティブになっている。バチカン市国の行政長官のジュゼッペ・ベルテッロ枢機卿の陽性が判明し、さらに数人の枢機卿の陽性も確認されている。

教会関係の施設や神学校、様々な修道院でも感染が広がり、バチカン外交団の交流の場である各国大使館主催のレセプションも、2020年3月以降の開催は見送られている。加えて、教皇庁高官や枢機卿との面談もほとんどできず、できたとしても短時間にかぎられてしまっているという。教皇庁立グレゴリアン大学の教授から、授業はオンラインだが、試験をどのようにするか悩んでいると連絡をもらった。

日本国内においても、バチカンでの感染拡大の影響が出ている。

2021年3月24日から5月10日まで、国立新美術館で開催が予定されていた「カラヴァッジョ《キリストの埋葬》展」（角川文化振興財団）が、感染が拡大するバチカンからの作品輸送が難しく、延期になってしまった。

ファリーナ枢機卿からいただいたクリスマスカードには、1月に1回目、2月に2回目のワクチンを接種するとあった。教皇フランシスコも、ワクチンを接種したと伝えられている。バチカンではマスクが義務化されているが、教皇はマスクをしない。教皇は、若いときに胸の病気をされている影響で、マスクをすると息苦しく感じるのではないかと言われている。教皇の姿に批判が集まるのは、コロナが人々の心に影を落としているからだろう。

人々が寛容さを取り戻す日を待ってやまない。

2020年3月12日に予定されていた大使としての最後のレセプションでスピーチするはずだった原稿を紹介して、本書の結びとしたい。

枢機卿、大司教、同僚大使、日本の友人の皆様

本日、日本の第126代天皇陛下誕生日を初めて祝うためレセプションにお出でいただき心から御礼申し上げます。

2019年春は、「素晴らしい調和」を意味する令和の夜明けを見ました。

昨年は、歴史的イベントに満ちた年でした。11月、潜伏キリシタンに感銘していらっしゃる教皇フランシスコが、日本を訪問されました。日本は、アジアにおいて教皇庁との関係を樹立した最初の非カトリック国です。日本国民は、熱烈に教皇フランシスコを歓迎しました。教皇は、10月22日に行われた天皇陛下の即位礼正殿の儀の後、天皇陛下と会見された最初の外国要人です。

世界平和は紛争や事件に脅かされています。現在ほど歴史的に平和を強く願っている

在バチカン日本大使公邸のスタッフとともに。左端が筆者。

時代はありません。日本政府は、教皇庁との協力を通じ、教皇庁の価値と目的を共有しており、国際法の尊重に基づいた国際安定と世界平和の実現を支持しています。両国共通の関心事は、人権、尊厳、貧困問題との戦い、自然環境保護などであります。

私は、約4年間バチカン大使としてローマに駐在しました。教皇として2回目の訪日の成功でもって、ここでのミッションを終了します。皆さまの友情と協力に深く感謝致します。

これからバチカン国歌と日本国歌を聴きましょう。そして、天皇陛下の誕生日と世界平和のため乾杯しましょう。

あとがき

名刺入れには、聖書の一節をコピーして挟みこんでいる。
〈すべてを忍び、すべてを信じ、すべてを望み、すべてを耐える〉(「コリント人《びと》への第一の手紙」13章7節)
もちろんこんな立派な生き方をしてきたと思ってはいないが、聖書の教えは人生の指針となってきた。カトリックの一信徒として、バチカンに赴けることは大変光栄であり、夢でもある。教皇フランシスコに信任状を捧呈する時、できる限り家族を呼ぶようにと着任早々ご挨拶に伺った儀典長から言われた。
２０１６年、子どもたちは、長男がニューヨーク、長女がシンガポール、次男が東京と3カ所にいた。早速、それぞれに連絡し、ローマ、バチカンに来られるかを問い合わせた。幸いにも皆都合がつき、家族全員がバチカンに集合できるという幸運に恵まれ、教皇フランシスコに拝謁できた。これで家族へのミッションは果たせたと感じたほどである。

本文でも触れたが、大使として大きく三つのミッションがあると考えていた。1981年以来の教皇の訪日、空席であった日本からの枢機卿の誕生、日本バチカン国交樹立75周年事業の遂行、これらを多くの方々のご協力をいただき、いずれも完遂できたことは誠に幸いであった。また、バチカン教皇庁の多くの方と親交を深めることができた。教皇をはじめとする、多くの枢機卿・教皇庁高官ばかりでなく、バチカン内で多くの知己を得た。バチカン内を歩いていると、頻繁に声をかけられた。それは、レセプションに招いた普段お世話になっているサン・ピエトロ大聖堂、博物館、スイス衛兵、バチカン警察、スーパーやバチカンデパートなどで働いている方々であった。このように多くの方々と親しくなれたことは私の財産である。

大使在任中、官と民の違いに戸惑いを感じることが多々あった。民の発想ではアイディアがあれば、実践に移し、誤っていれば、改善して実行することを基本とする。そこから独自の行動が生まれてくるものである。しかし、官では、行動を起こそうとすると、「それは規則で、あるいは慣行でできません」が、最初の反応である。これでは、前例を踏襲するだけで、新機軸は生まれない。

私の行動に戸惑った官僚も多いと思うが、民の発想や行動力を活かすことで、まだまだ官僚組織は生まれ変われると信じている。今後に期待したい。

大使としてバチカンに赴任するにあたり、自民党の二階俊博前幹事長（当時総務会長）にご挨拶に伺った。その時、前幹事長から大使在任中、気が付いたことや気にかかったことを記録に留めておくようにとアドバイスをいただいた。

本書は、その時のアドバイスに基づいたもので、二階前幹事長には心より感謝申し上げたい。また、バチカン大使として貴重な機会を与えてくださった安倍晋三元総理、菅義偉前総理には心より感謝申し上げる。

文藝春秋の新谷《しんたに》学さん（現『文藝春秋』編集長）、テレビ朝日デスクだった出町譲さんと食事をしていた時、リーダー論が議論になり、私にとり土光敏夫さんの存在が大きいと話した覚えがある。同時に、教皇フランシスコの教えの中には、宗教的なものばかりでなく、経済活動に関係あることが多く記されていることをとうとうと説明したことがあった。新谷さんから「そのことを書いてみたら」と半ば冗談にいわれたことを真《ま》に受けた結果が、本書になったのではないかとも思う。感謝に堪えない。

No man is an island.

イングランドの詩人ジョン・ダンの言葉にあるように、人は多くの人に支えられて存在している。本書が実現に至ったのも、多くの方々のご協力があったからに他ならない。

バチカン赴任当初から、在バチカン大使館宗教顧問の和田誠神父にはきめ細かくご指導をいただいた。また、日本バチカン国交樹立75周年事業ではグレゴリアン大学の菅原裕二教授に多大なご協力をいただいた。言うまでもなく、島崎光代参事官をはじめ在バチカン日本大使館の日本人館員ならびにイタリア人館員、外務省西欧課平野進主査（現・経済局政策課）、経団連福島吾郎広報本部長には、多大なお世話になった。特に、島崎参事官とイレーネ・イアロッチ館員には、イタリア語のご指導をいただいた。

最後になるが、大使在任中から筆の重い私を辛抱強く支え励ましていただいた編集者の柏原航輔さんには感謝しかない。本書の内容には筆者の知識不足・理解不足や誤解に基づくことが多いと思う。その責は筆者が負うものである。

日本カトリック司教協議会教理委員会訳・監修『カトリック教会のカテキズム』カトリック中央協議会、2002年
野尻命子『ローマでお茶を　チェントロ・ウラセンケ奮戦記』主婦の友社、1995年
福田和也『昭和天皇　第二部　英国王室と関東大震災』文春文庫、2011年
ポール・バレリー、南條俊二訳『教皇フランシスコの挑戦　闇から光へ』春秋社、2014年
マリオ・エスコバル、八重樫克彦／八重樫由貴子訳『教皇フランシスコ　12億の信徒を率いる神父の素顔』新教出版社、2013年
山本正『父・山本信次郎伝』中央出版社、1993年
ロバート・ドレイパー（文）、デイブ・ヨダー（写真）、高作自子訳『新生バチカン　教皇フランシスコの挑戦』日経ナショナルジオグラフィック社、2016年
Bruni, Luigino and Smerilli, Alessandra, *The Economics Values-Based Organisations : An Introduction,* New York: Routledge, 2015
Pontifical Council for Justic and Peace, *Energy, Justice and Peace,* Vatican City: Libreria Editrice Vaticana, 2013
Pontifical Council for Justic and Peace, *The Global Common Good: Towards A More Inclusive Economy,* Vatican City: Libreria Editrice Vaticana, 2016
Tittman,Jr. Harold H., *Inside the Vatican of PIUS XII: The Memoir of an American Diplomat During World War II,* New York: Doubeday, 2004
Tornielli Andrea and Galeazzi, Guacomo, *This Economy Kills: People Francis on Capitalism and Social Justice,* Minnesota: Liturgical Press, 2015
Zamagni, Stefano and Sorondo, Sanchez Marceloed., *Inclusive Solidarity and Integration of Marginalized People,* Vatican City: Libreria Editrice Vaticana, 2017

●参考文献

アンドレア・リッカルディ、千田和枝訳『対話が世界を変える　聖エジディオ共同体』春秋社、2006年

石川明人『キリスト教と戦争　「愛と平和」を説きつつ戦う論理』中公新書、2016年

オースティン・アイヴァリー、宮崎修二訳『教皇フランシスコ　キリストとともに燃えて　偉大なる改革者の人と思想』明石書店、2016年

グループ一九八四年『日本の自殺』文春新書、2012年

教皇フランシスコ、吉池好高訳『使徒的勧告　愛のよろこび』カトリック中央協議会、2017年

教皇フランシスコ、瀬本正之／吉川まみ訳『回勅　ラウダート・シ　ともに暮らす家を大切に』カトリック中央協議会、2016年

教皇フランシスコ、日本カトリック新福音化委員会訳『使徒的勧告　福音の喜び』カトリック中央協議会、2014年

教皇フランシスコ、安齋奈津子訳『「幸福」と「人生の意味」について』KADOKAWA、2019年

教皇庁正義と平和協議会、マイケル・シーゲル訳『教会の社会教説綱要』カトリック中央協議会、2009年

齋藤かおる監修『図説　知られざる歴史ミステリー　ヴァチカンの謎と真実』青春出版社、2009年

ジョセフ・E・スティグリッツ、楡井浩一／峯村利哉訳『世界の99％を貧困にする経済』徳間書店、2012年

ジョセフ・E・スティグリッツ、桐谷知未訳『スティグリッツ教授のこれから始まる「新しい世界経済」の教科書』徳間書店、2016年

出町譲『清貧と復興　土光敏夫100の言葉』文藝春秋、2011年

同『母の力　土光敏夫をつくった100の言葉』文藝春秋、2013年

寺崎英成／マリコ・テラサキ・ミラー『昭和天皇独白録』文春文庫、1995年

中村玲子、小松原久美子訳『ローマ教皇　食の旅』KADOKAWA、2019年

関連年表

64年頃	イエスの使徒ペテロが、バチカンの丘に葬られる
349年	ペテロの墓の上に、サン・ピエトロ聖堂建設
756年頃	フランク王国からの寄進により、イタリア各地に教皇領ができる
1077年	ローマ教皇グレゴリウス7世と神聖ローマ帝国皇帝ハインリヒ4世が聖職叙任権を巡って争い、ハインリヒは破門を宣告される(カノッサの屈辱)。皇帝に対する教皇の優位を知らしめた
1549年	フランシスコ・ザビエル、鹿児島上陸
1585年	天正遣欧《てんしょうけんおう》少年使節が教皇グレゴリウス13世及び教皇シスト5世に拝謁
1615年	慶長《けいちょう》遣欧使節が教皇パウロ5世に拝謁
1789年	フランス革命勃発。国家と教会の分離の動きがフランスを起点として広がり出す
1860年	統一イタリア誕生
1870年	イタリア軍、教皇領ローマに侵入
1929年	イタリアとローマ教皇庁との間でラテラノ条約締結。イタリアはバチカン市国を独立した主権国家として承認
1942年	日本とバチカン、外交関係樹立
1962年	第2バチカン公会議が開かれ、全世界の司教が集まる。現代世界の問題に関して積極的に関与するとともに、他宗教・他宗派への寛容などの方針が打ち出された
1981年	ヨハネ・パウロ2世が教皇として初めて日本来日
2013年	第266代ローマ教皇にフランシスコ選出
2019年	教皇フランシスコが来日
2022年	日本バチカン国交樹立80周年

参考/外務省HPなど

中村芳夫［なかむら・よしお］

1942年東京都生まれ。慶應義塾大学経済学部卒業後、同大学院経済学研究科修士課程修了。68年経団連に入局し税制を担当。米ジョージタウン大学にフルブライト奨学生として派遣され同大学院博士課程修了。92年、米国上院財政委員会で日本の税制について証言。2010年、経団連副会長・事務総長に就任。14年、第2次安倍内閣・内閣官房参与（産業政策）に。16年、駐バチカン大使（〜20年）。教皇来日を実現。カトリック信徒。

写真／筆者撮影
図版作成／infographics 4REAL

バチカン大使日記

二〇二一年 十一月三十日 初版第一刷発行

著者 中村芳夫
発行人 飯田昌宏
発行所 株式会社小学館
〒一〇一－八〇〇一 東京都千代田区一ツ橋二ノ三ノ一
電話 編集：〇三－三二三〇－五九五九
販売：〇三－五二八一－三五五五

印刷・製本 中央精版印刷株式会社

© Yoshio Nakamura 2021
Printed in Japan ISBN978-4-09-825413-2

造本には十分注意しておりますが、印刷、製本など製造上の不備がございましたら「制作局コールセンター」（フリーダイヤル 〇一二〇－三三六－三四〇）にご連絡ください（電話受付は土・日・祝休日を除く九：三〇〜一七：三〇）。本書の無断での複写（コピー）、上演、放送等の二次利用、翻案等は、著作権法上の例外を除き禁じられています。本書の電子データ化などの無断複製は著作権法上の例外を除き禁じられています。代行業者等の第三者による本書の電子的複製も認められておりません。

小学館新書
好評既刊ラインナップ

マル暴
警視庁暴力団担当刑事
櫻井裕一 409

暴力団犯罪を専門とする警察の捜査員、いわゆる「マル暴」。警視庁において40年にわたってヤクザ捜査に最前線で携わった剛腕マル暴が、日医大病院ICU射殺事件など社会を震撼させた凶悪事件の捜査秘史を初めて明かす。

炎上するバカさせるバカ
負のネット言論史
中川淳一郎 412

一般人には超ハイリスク、ほぼノーリターン。それでもＳＮＳやりますか？　自己責任論争、バイトテロ、上級国民、タピオカ屋恫喝、呪われた五輪……炎上を見てきたネットニュース編集者が、負のネット言論史を総括する。

バチカン大使日記
中村芳夫 413

「日本経済の司令塔」経団連に身を置くこと半世紀。土光敏夫ら歴代会長に仕えた前事務総長が突如、世界13億のカトリック信徒を束ねる聖地に赴いた！　外交未経験の民間大使が教皇訪日を実現するまでの1500日。

ドイツ人はなぜ「自己肯定感」が高いのか
キューリング恵美子 414

「自分に満足している」という国民が8割を超える国・ドイツ。自分らしく生きることが最重視され「他人の目を気にしない」生き方が実践されている。現地在住20年の著者が明かすドイツ流“ストレスフリー”生活の極意とは。

やくざ映画入門
春日太一 411

『仁義なき戦い』『博奕打ち　総長賭博』『緋牡丹博徒』『県警対組織暴力』――日本映画史に燦然と輝くやくざ映画の名作を紐解きながら、このジャンルの「歴史」「全体像」「楽しみ方」をわかりやすく解説。

コロナとワクチンの全貌
小林よしのり・井上正康 410

コロナ禍の中、ワクチン接種が進められているが、感染拡大が止まらないのはなぜなのだろうか？　漫画家の小林よしのり氏と医学者で大阪市立大学名誉教授の井上正康氏がメディアが伝えない「コロナの真実」を語り尽くす！